RÉSONANCES
Collection dirigée par Étienne CALAIS

Étude sur

LA POÉSIE ENGAGÉE

par Jeannine MOYSE

Ancienne élève de l'ENS Sèvres
Agrégée de Lettres classiques
Professeur honoraire
au lycée François Villon (Paris)

Dans la même collection

RÉSONANCES PROGRAMMES 98-99

Programme Premières
- Étude sur *Les Châtiments* de V. Hugo, par M.-G. Slama.
- Étude sur *Les Confessions* (I-IV) de J.-J. Rousseau, par D. Dumas.
- Étude sur *Le mythe antique dans le théâtre du XXe siècle*, par O. Got.
- Étude sur *Électre* de J. Giraudoux, par O. Got.
- Étude sur *Antigone* de J. Anouilh, par M.-F. Minaud.
- Étude sur *La Machine infernale* de J. Cocteau, par D. Odier.
- Étude sur *Amphitryon 38* de J. Giraudoux, par A. Faucheux.
- Étude sur *La guerre de Troie n'aura pas lieu* de J. Giraudoux, par M. Brumont.
- Étude sur *Les Mouches* de J.-P. Sartre, par A. Beretta.

Programme Terminales
- Étude sur *La Chute* de A. Camus, par F.-J. Authier.
- Étude sur *Nouvelles de Pétersbourg* de N. Gogol, par M. Niqueux.
- Étude sur *Éthiopiques* de L. S. Senghor, par A.-M. Urbanik-Rizk.
- Étude sur *La règle du jeu* de J. Renoir, par J.-A. Bron.

RÉSONANCES MÉTHODIQUES
- Enrichir son vocabulaire. Jeux et leçons de style (2des, Premières, Terminales), par J. Lambert.
- Rédiger avec élégance. Jeux et leçons de style, par J. Lambert.
- Maîtriser l'orthographe et la grammaire. Jeux et leçons de style, par J. Lambert.

Épreuves anticipées de français
- Le premier sujet : étude d'un texte argumentatif, par H. Marguliew.
- Le deuxième sujet : commentaire littéraire ou étude littéraire, par M. Bilon et H. Marguliew.
- Le troisième sujet : la dissertation littéraire, par P. Collet, O. Got, M.-G. Slama.
- L'oral de français, par P. Sultan.

Épreuves de Terminales
- Méthodologies de l'épreuve de Lettres des Terminales L et ES, par V. Boulhol.

RÉSONANCES HORS-PROGRAMME – ÉTUDES SUR...
• *Le Père Goriot* de H. de Balzac, par A.-M. Lefebvre • *Les Fleurs du Mal* de Ch. Baudelaire, par M.-G. Slama • *En attendant Godot* de S. Beckett, par C. Vulliard • *La Modification* de M. Butor, par B. Valette • *Jacques le Fataliste* de D. Diderot, par D. Gleizes • *L'Amant* de M. Duras, par D. Denes • *Un barrage contre le Pacifique* de M. Duras, par J. Bardet • *Les Liaisons dangereuses* de Ch. de Laclos, par J.-P. Brighelli • *Dom Juan* de Molière, par O. Leplatre • *Le Misanthrope* de Molière, par P.-H. Rojat • *La Confession d'un enfant du siècle* de A. de Musset, par D. Pernot • *Sylvie* et *Aurélia* de G. de Nerval, par M. Faure • *Manon Lescaut* de L'Abbé Prévost, par P. Caglar • *Un amour de Swann* de M. Proust, par É. Jacobée • *Le Parfum* de P. Süskind, par G. Bardet • *Vendredi ou les limbes du Pacifique* de M. Tournier, par F. Épinette-Brengues • *Les Nouvelles orientales* de M. Yourcenar, par C. Barbier.

ISBN 2-7298-4878-9

© ellipses / édition marketing S.A., 1998
32 rue Bargue, Paris (15e).

La loi du 11 mars 1957 n'autorisant aux termes des alinéas 2 et 3 de l'Article 41, d'une part, que les « copies ou reproductions strictement réservées à l'usage privé du copiste et non destinées à une utilisation collective », et d'autre part, que les analyses et les courtes citations dans un but d'exemple et d'illustration, « toute représentation ou reproduction intégrale, ou partielle, faite sans le consentement de l'auteur ou de ses ayants droit ou ayants cause, est illicite ». (Alinéa 1er de l'Article 40).
Cette représentation ou reproduction, par quelque procédé que ce soit, sans autorisation de l'éditeur ou du Centre français d'Exploitation du Droit de Copie (3, rue Hautefeuille, 75006 Paris), constituerait donc une contrefaçon sanctionnée par les Articles 425 et suivants du Code pénal.

INTRODUCTION

La poésie parfois, des hauteurs du Parnasse, descend dans l'arène et se mêle aux luttes ou aux débats de l'actualité. Alors elle éclaire, elle inspire, elle entraîne... C'est ainsi que — vers 1942 — des poètes, écrivant clandestinement dans la France occupée, engagèrent la poésie dans les voies de la Résistance.

Ils rejoignaient ainsi l'un des courants de notre tradition poétique, un courant qui se préfigurait dès le XVIe siècle. Victor Hugo a formulé, dans le premier poème de son recueil *Les Rayons et les Ombres* (1839), la nécessité, pour le poète, de ne pas rester inutile quand surviennent « les temps contraires » :

> Le poète en des jours impies
> Vient préparer les jours meilleurs.
> Il est l'homme des utopies,
> Les pieds ici, les yeux ailleurs.
>
> *(Fonction du poète* – v. 81 à 84)

Même s'il se plaît dans la nature et la solitude propice au rêve, il lui appartient aussi de parler en témoin de son temps et de partager les souffrances de ceux qui l'entourent.

On verra dans les textes qui suivent, échelonnés de Ronsard à Prévert, que cette « poésie de circonstance » — qui répond à une criante urgence — ne se manifeste pas par des œuvres mineures ; elle ne perd pas sa portée quand les circonstances enfin changent, dès lors qu'un grand poète y exprime la plénitude de sa conviction, l'emportement de son témoignage, ou la hauteur de ses vues pour le bien de l'humanité. On le voit quand Victor Hugo est devenu, dans l'éloignement de l'exil à Jersey, le poète des *Châtiments*[1].

La poésie engagée se présente et se définit au fil des temps sous des formes multiples et selon des tons très divers. Elle se donne pour devoir de servir une cause, de proclamer un refus, d'éveiller le jugement du peuple, sans jamais se transformer en instrument de propagande.

N.B. : Les astérisques renvoient au glossaire situé en fin d'ouvrage.

---

1. Voir l'étude de ce recueil poétique dans la collection « Résonances », éditions Ellipses, 1998, par M. G. Slama.

TEXTES CANONIQUES

I – RONSARD : *Discours des misères de ce temps*
À la Reine Mère du Roy, Catherine de Médicis – 1562

Pierre de Ronsard (1524-1585) était l'auteur d'une œuvre poétique importante par sa nouveauté et son étendue lorsqu'il fut reconnu par ses contemporains comme « le prince des poètes », en 1558. Il venait de constituer avec Du Bellay le groupe des sept poètes de la Pléiade, et pouvait publier en 1560 une édition collective de ses œuvres en quatre volumes rassemblant *Les Amours*, *Les Odes*, *Les Poèmes* et *Les Hymnes* (ces derniers d'un genre plus ample et plus élevé). Il devint poète de la Cour sous le règne de Henri II, puis, à partir de 1560, de Charles IX. C'est alors qu'il fut entraîné dans les querelles entre catholiques et protestants qui provoquèrent les guerres de religion.

Il appartenait au clergé, la surdité lui ayant interdit la carrière des armes ; outre le titre de conseiller et aumônier ordinaire du roi, il était titulaire de prieurés qui lui assuraient des bénéfices ecclésiastiques dans la région de Vendôme et du Mans. Il était donc naturellement lié au parti catholique ; mais il avait à la Cour de solides amitiés dans les grandes familles qui menaient la lutte du côté protestant. Aussi la polémique où il dut s'engager pendant trois ans commença-t-elle sur un ton modéré et conciliant ; le poète devint de plus en plus violent contre les protestants quand ceux-ci se mirent à l'attaquer personnellement, et les pamphlets* se succédèrent, Ronsard voulant à la fois se défendre lui-même et soutenir la politique de Catherine de Médicis.

Ces œuvres de circonstance furent rassemblées dans le sixième tome des *Œuvres complètes* en 1567, puis en 1569. Une nouvelle édition en 1578 retranchait les poèmes de polémique trop personnelle. L'édition posthume de 1587 conservait définitivement ces poèmes politiques, dont la composition a occupé trois ans de la vie du poète. Dans le passage suivant, extrait du premier *Discours*, le poète se place au-dessus de la mêlée pour déplorer les maux de la guerre civile, et espérer que la Reine parvienne à mettre un terme aux combats.

Discours des misères de ce temps

115 Ô toi, historien, qui d'encre non menteuse
Écris de notre temps l'histoire monstrueuse,
Raconte à nos enfants tout ce malheur fatal,
Afin qu'en te lisant ils pleurent notre mal,
Et qu'ils prennent exemple aux péchés de leurs pères,
120 De peur de ne tomber en pareilles misères.
De quel front, de quel œil, ô siècles inconstants !
Pourront-ils regarder l'histoire de ce temps ?
En lisant que l'honneur, et le sceptre de France,
Qui depuis si longtemps avait pris accroissance,
125 Par une opinion nourrice des combats,
Comme une grande roche est bronché contre bas ?

155 Ce monstre que j'ai dit met la France en campagne,
Mendiant le secours de Savoie et d'Espagne,
Et de la nation qui prompte au tabourin
Boit le large Danube et les ondes du Rhin.
Ce monstre arme le fils contre son propre père,
160 Le frère factieux contre son propre frère,
La sœur contre la sœur, et les cousins germains
Au sang de leurs cousins veulent tremper les mains ;
L'oncle hait son neveu, le serviteur son maître ;
La femme ne veut plus son mari reconnaître ;
165 Les enfants sans raison disputent de la foi,
Et tout à l'abandon va sans ordre et sans loi.
L'artisan par ce monstre a laissé sa boutique,
Le pasteur ses brebis, l'avocat sa pratique,
Sa nef le marinier, sa foire le marchand
170 Et par lui le prud'homme est devenu méchant.
L'écolier se débauche ; et de sa faux tortue
Le laboureur façonne une dague pointue,
Une pique guerrière il fait de son rateau,
Et l'acier de son coutre il change en un couteau.
175 Morte est l'autorité : chacun vit en sa guise ;
Au vice déréglé la licence est permise ;
Le désir, l'avarice et l'erreur insensé
Ont sens dessus dessous le monde renversé.
On fait des lieux sacrés une horrible voirie,
180 Une grange, une étable et une porcherie,
Si bien que Dieu n'est sûr en sa propre maison ;
Au Ciel est revolée et Justice et Raison,
Et en leur place, hélas ! règne le brigandage,
La force, le harnois, le sang et le carnage.

195 Ainsi la France court en armes divisée,
Depuis que la raison n'est plus autorisée.
Mais vous, Reine très sage, en voyant ce discord
Pouvez, en commandant, les mettre tous d'accord [...]

Questions

1) Montrez par quels moyens Ronsard, se mettant en position d'« historien », s'adresse à la postérité pour décrire un fléau dû aux égarements de « l'opinion ».
2) Les misères de ce temps commencent par l'appel aux forces étrangères, qui donne aux combats une ampleur soudaine. Comment le poète évoque-t-il ce danger ?
3) Par quelles antithèses développe-t-il un tableau des discordes civiles ? Et comment les métiers de la paix se transforment-ils pour répondre à la guerre ?
4) Comment l'auteur nous présente-t-il les désordres et les vices résultant de ces bouleversements ?

II – D'AUBIGNÉ : *Les Tragiques* - 1616

Agrippa d'Aubigné (1552-1630), élevé dans la conviction calviniste, fut d'abord un homme d'action et participa aux guerres civiles du côté des protestants. Gravement blessé à la bataille de Maillezais en 1577, il se consacra dès lors à la composition d'un long et douloureux poème en sept Livres, qui témoigne des souffrances des victimes de la guerre civile dans le royaume désorganisé, et appelle au châtiment des bourreaux catholiques jusqu'au Jugement Dernier. *Les Tragiques* ne furent achevés qu'en 1616, quand les haines étaient retombées et les horreurs mises sous le boisseau de l'oubli depuis la promulgation de l'Édit de Nantes en 1598.

À la différence de Ronsard décrivant par symboles, dans le passage précédemment cité, les effets de la guerre civile, d'Aubigné, dans l'extrait qu'on va lire, évoque des faits bien réels pour lui, qui assista à l'âge de huit ans au supplice des conjurés d'Amboise (son père alors lui fit jurer de les venger). L'indignation, jointe au sentiment de l'inutilité de ces luttes fratricides, loin de s'affaiblir, s'est avivée dans la solitude et l'effort de mémoire.

Livre V – *Les Fers*

	Voici les doux Français l'un sur l'autre enragés,
350	D'âme, d'esprit, de sens et courage changés.
	Tel est l'hideux portrait de la guerre civile,
	Qui produit sous ses pieds une petite ville
	Pleine de corps meurtris en la place étendus,
	Son fleuve de noyés, ses créneaux de pendus.
355	Là, dessus l'échafaud qui tient toute la place,
	Entre les condamnés un élève sa face
	Vers le ciel, lui montrant le sang fumant et chaud

Des premiers êtêtés, puis s'écria tout haut,
Haussant les mains du sang des siens ensanglantées :
360 « O Dieu, puissant vengeur, tes mains seront ôtées
De ton sein, car ceci du haut ciel tu verras
Et de cent mille morts à point te vengeras. »
Après se vient enfler une puissante armée,
Remarquable de fer, de feux et de fumée,
365 Où les reîtres couverts de noir et de fureurs
Départent des Français les tragiques erreurs.
Les deux chefs[1] y sont pris, et leur dure rencontre
La défaveur du ciel à l'un et l'autre montre.
Vous voyez la victoire, en la plaine de Dreux,
370 Les deux favoriser pour ruiner les deux :
Comme en large chemin le pantelant ivrongne
Ondoie çà et là, s'approchant il s'élongne,
Ainsi les deux côtés heurte et fuit à la fois
La victoire troublée, ivre de sang françois.
375 L'insolente parmi les deux camps se pourrmène,
Les fait vaincre vaincus tout à la Cadméenne[2] ;
C'est le vaisseau noyé qui, versé au profond,
Ne laisse au plus heureux que l'heur d'être second :
L'un ruine en vainquant sa douteuse victoire,
380 L'autre[3] au débris de soi et des siens prend sa gloire.

- (1) *les deux chefs* : le connétable Anne de Montmorency, chef de l'armée de royale, et le prince de Condé, chef de l'armée protestante (surpris par les troupes catholiques du duc de Guise, alors que les protestants se croyaient victorieux).
- (2) *vaincre à la Cadméenne* : allusion à la légende thébaine de Cadmus (transmise par les poètes latins Ovide et Lucain) ; Cadmus sema les dents d'un dragon, d'où sortirent des guerriers armés qui s'entretuèrent aussitôt, à l'exception de cinq d'entre eux.
- (3) *l'autre* : le protestant Coligny, après la capture de Condé, parvint à rallier ses troupes en fuite et à faire retraite en bon ordre.

Questions

1) Comment « l'hideux portrait » de la ville où se fit le massacre des conjurés s'élargit-il en une vision épique ? Étudiez notamment le choix et la mise en valeur des noms et des adjectifs dans les vers.
2) « Les tragiques erreurs » débouchent sur la guerre. Montrez comment le récit fait ressortir l'absence de victoire et l'égalité des maux dans les deux camps.
3) Quelles images et quels rapprochements de mots suscitent l'impression d'inutilité des combats ?

III – CHÉNIER : *Dernières Poésies* - 1794 - publiées en 1819 et 1839

André Chénier (1762-1794) fut l'une des dernières victimes de la Terreur puisque, arrêté en mars 1794, il fut exécuté le 7 thermidor (25 juillet), deux jours avant la chute de Robespierre. Il avait pourtant salué avec enthousiasme l'avènement de la liberté et de l'égalité en 1789. Mais il était avant tout un poète lyrique, familier de la culture antique et cherchant à travers elle des voies neuves pour la poésie moderne. Son œuvre, non publiée de son vivant, comportait des élégies* à la manière antique, mais aussi des poèmes exprimant ses propres sentiments, ainsi que des projets de grands poèmes qu'il n'eut pas le temps de mener à leur accomplissement. Dans sa prison il porta l'invective contre ses bourreaux à une violence extrême, en transposant en vers français la forme des iambes*, inventés par le poète grec Archiloque au VIe siècle av. J.-C. Celui-ci, furieux contre Lycambe qui lui avait refusé sa fille en mariage, le couvrit d'injures si violentes dans ses vers iambiques qu'il le réduisit au suicide.

Les poésies de Chénier ne furent révélées au public que dans l'édition de 1819 ; le poème suivant, découvert par Sainte-Beuve, ne parut qu'en 1839.

Iambes (extrait)

« Sa langue est un fer chaud ; dans ses veines brûlées
    Serpentent des fleuves de fiel. »
J'ai douze ans, en secret, dans les doctes vallées,
    Cueilli le poétique miel ;
5 Je veux un jour ouvrir ma ruche tout entière ;
    Dans tous mes vers on pourra voir
Si ma Muse naquit haineuse et meurtrière.
    Frustré d'un amoureux espoir,
Archiloque aux fureurs du belliqueux ïambe
10   Immole un beau-père menteur ;
Moi, ce n'est point au col d'un perfide Lycambe
    Que j'apprête un lacet vengeur.
Ma foudre n'a jamais tonné pour mes injures.
    La patrie allume ma voix ;
15 La paix seule aguerrit[1] mes pieuses morsures,
    Et mes fureurs servent les lois.
Contre les noirs Pythons et les hydres fangeuses,
    Le feu, le fer, arment mes mains ;
Extirper sans pitié ces bêtes venimeuses,
20   C'est donner la vie aux humains.

• (1) *aguerrit* : transforme en actes de guerre.

Questions

1) Montrez comment Chénier, après avoir repris sous forme poétique l'accusation portée contre lui, se justifie en invoquant son destin de poète, puis son amour de la patrie.
2) Relevez les images empruntées à la tradition antique et montrez comment elles donnent de l'ampleur à l'invective.
3) Quels vers français emploie Chénier pour restituer le rythme des iambes* ? Et comment le rythme des vers contribue-t-il à faire ressortir les mots importants ?

IV – LAMARTINE : *Réponse à Némésis* - juillet 1831

Lamartine s'engagea dans l'action politique après la Révolution de juillet 1830. La conviction monarchiste et conservatrice qu'il tenait de sa famille et de son éducation s'infléchissait depuis quelques années vers la sympathie pour le peuple. Épris désormais de tolérance et de liberté avant tout, il se fiait à l'opinion des masses pour que les suites de la Révolution amènent peu à peu un progrès dans leur condition sociale.

Candidat à la députation dans la circonscription de Bergues (près de Dunkerque), il fut violemment attaqué dans le journal *Némésis* par le poète Barthélemy, qui lui reprochait d'agir par intérêt et non par conviction. Le jour même de l'élection (qu'il ne perdit que de quelques voix), Lamartine fit front en écrivant une ode* enflammée, publiée quelques jours plus tard dans le journal *L'Avenir*, puis éditée en librairie et diffusée dans toute la France.

Il fut élu député à Bergues en 1833, puis à Mâcon, et le resta jusqu'en 1851. Il devint même président du Conseil de la Seconde République, avant le coup d'état qui mit au pouvoir Napoléon III. Dans la même période, Victor Hugo, lui aussi, poursuivait la même évolution politique ; et le romantisme se tourna majoritairement vers les préoccupations humanitaires et sociales.

À Némésis (extrait)

Honte à qui peut chanter pendant que Rome brûle
S'il n'a l'âme et la lyre et les yeux de Néron,
Pendant que l'incendie en fleuve ardent circule
Des temples aux palais, du Cirque au Panthéon !
45   Honte à qui peut chanter pendant que chaque femme
Sur le front de ses fils voit la mort ondoyer,
Que chaque citoyen regarde si la flamme
Dévore déjà son foyer !

        Honte à qui peut chanter pendant que les sicaires[1]
50   En secouant leur torche aiguisent leurs poignards,
        Jettent les dieux proscrits aux rires populaires,
        Ou traînent aux égouts les bustes des Césars !
        C'est l'heure de combattre avec l'arme qui reste ;
        C'est l'heure de monter au rostre[2] ensanglanté,
55   Et de défendre au moins de la voix et du geste
           Rome, les dieux, la liberté !

        La liberté ! ce mot dans ma bouche t'outrage ?
        Tu crois qu'un sang d'ilote[3] est assez pur pour moi,
        Et que Dieu de ses dons fit un digne partage,
60   L'esclavage pour nous, la liberté pour toi ?
        Tu crois que de Séjan[4] le dédaigneux sourire
        Est un prix assez noble aux cœurs tels que le mien,
        Que le ciel m'a jeté la bassesse et la lyre,
           À toi l'âme du citoyen ?

        Détrompe-toi, poète, et permets-nous d'être hommes !
        Nos mères nous ont faits tous du même limon ;
75   La terre qui vous porte est la terre où nous sommes ;
        Les fibres de nos cœurs vibrent au même son !
        Patrie et liberté, gloire, vertu, courage,
        Quel pacte de ces biens m'a donc déshérité ?
        Quel jour ai-je vendu ma part de l'héritage,
80   Ésaü[5] de la liberté ?

- (1) *les sicaires* : (hommes armés de poignards) : tueurs à gages.
- (2) *rostre* : sur le Forum romain, tribune aux harangues, ornée d'éperons de navire (ou rostres) pris à l'ennemi. L'emploi du mot au singulier est inhabituel.
- (3) *ilote* : désigne les esclaves à Sparte.
- (4) *Séjan* : favori de l'empereur Tibère.
- (5) allusion biblique. Ésaü, fils d'Isaac et de Rébecca, un jour qu'il mourait de faim au retour des champs, céda distraitement son droit d'aînesse à son frère Jacob en échange d'un plat de lentilles. La phrase ici est abrégée : « comme si, à la manière d'Ésaü, je ne m'intéressais pas à la liberté ».

Questions

1) Comment les allusions antiques prennent-elles une valeur symbolique pour faire ressortir par contraste l'idéal dont se réclame le poète ?
2) Étudiez la forme de la strophe, et la façon dont le rythme s'élargit dans les reprises du mouvement oratoire : « *Honte à qui...* »
3) Exclamations, interrogations, apostrophes... trahissent des émotions violentes. Essayez de caractériser celles qui se succèdent dans ce passage.

V – GIDE : *Les Nourritures terrestres* - 1897

La longue carrière littéraire d'André Gide (né en 1869) s'étale de 1891 à sa mort en 1951. Elle est marquée par la rupture décisive des *Nourritures terrestres* en 1897, quand l'auteur se libère des conformismes rigides qui ont étouffé son adolescence dans une trop stricte éducation protestante, pour découvrir l'amour de la vie et la vertu de la ferveur au cours d'un séjour de convalescence en Afrique du Nord.

Ce refus est un engagement sur le plan moral à la recherche d'une authenticité à la fois littéraire et vécue. Aussi bien Sartre reconnaîtra-t-il à Gide le mérite d'avoir « vécu ses idées ». *Les Nourritures terrestres* relèvent de la poésie par leur style de prose poétique, entremêlant des poèmes en vers libres et des poèmes en prose. Gide gardera dans toute son œuvre, roman, théâtre ou essais, ce rôle d'éveilleur, d'« inquiéteur » comme il l'écrit dans son *Journal*, aussi bien que de rénovateur de la littérature française puisqu'il a fondé, avec d'autres écrivains, cette *Nouvelle Revue française* (la N.R.F.), qui allait faire connaître au public les meilleurs auteurs modernes. Si l'engagement de Gide se situe sur le plan moral et non politique à cette période de sa vie, il n'en prolonge pas moins l'exemple de Victor Hugo par la profonde influence exercée sur ses lecteurs, en pleine et consciente responsabilité.

Dans ce recueil divisé en huit Livres et terminé par un *Envoi*, le passage suivant se situe à la fin du Livre premier ; l'auteur, nourri des leçons d'un maître fictif qu'il appelle Ménalque et qui lui a enseigné l'effort de découvrir en lui-même sa propre aspiration au bonheur, s'adresse à un disciple imaginaire, Nathanaël, et lui enseigne d'abord : « Que ta vision soit à chaque instant nouvelle. »

Ronde pour adorer ce que j'ai brûlé

Il y a des livres qu'on lit, assis sur une petite planchette
Devant un pupitre d'écolier.

Il y a des livres qu'on lit en marche
(Et c'est aussi à cause de leur format) ;
Tels sont pour les forêts, tels pour d'autres campagnes,

Et nobiscum rusticantur[1], dit Cicéron.
Il y en a que je lus en diligence ;
D'autres couché au fond des greniers à foin.

Il y en a pour faire croire qu'on a une âme ;
D'autres pour la désespérer.
Il y en a où l'on prouve l'existence de Dieu ;
D'autres où l'on ne peut pas y arriver.

Il y en a que l'on ne saurait admettre
Que dans les bibliothèques privées.
Il y en a qui ont reçu les éloges
De beaucoup de critiques autorisés.

Il y en a où il n'est question que d'apiculture
Et que certains trouvent un peu spéciaux ;
D'autres où il est tellement question de la nature,
Qu'après ce n'est plus la peine de se promener.

Il y en a que méprisent les sages hommes
Mais qui excitent les petits enfants.

Il y en a qu'on appelle des anthologies
Et où l'on a mis tout ce qu'on a dit de mieux
sur n'importe quoi.
Il y en a qai voudraient vous faire aimer la vie ;
D'autres après lesquels l'auteur s'est suicidé.
Il y en a qui sèment la haine
Et qui récoltent ce qu'ils ont semé.
Il y en a qui, lorsqu'on les lit, semblent luire,
Chargés d'extase, délicieux d'humilité.
Il y en a que l'on chérit comme des frères
Plus purs et qui ont vécu mieux que nous.
Il y en a dans d'extraordinaires écritures
Et qu'on ne comprend pas, même quand on les
a beaucoup étudiées.
Nathanaël, quand aurons-nous brûlé tous les livres !

André Gide, fragment de
« Ronde pour adorer ce que j'ai brûlé »,
© Gallimard.

• (1) *Et nobiscum rusticantur :* ils restent à la campagne avec nous.

Questions

1) Quels détails suggèrent l'enthousiasme du poète pour la lecture ? Et quelles allusions font deviner l'étendue de ses lectures ?
2) De quelles contradictions dans l'énumération des livres naît l'impression de lassitude, ou même d'inutilité ?
3) Comment le poème conduit-il du titre à une conclusion en apparence opposée ?

4) Étudiez la présentation sous forme de ronde en vers libres, groupés en strophes inégales. Comment contribue-t-elle à suggérer une succession cyclique de l'amour des livres à l'abandon des livres pour l'amour de la vie, elle-même éclairée par les livres ?

VI – PÉGUY : *Ève* - 1913

Charles Péguy (1873-1914) a consacré sa vie et son œuvre à ses engagements. Élève de l'École Normale Supérieure de la rue d'Ulm au moment de l'affaire Dreyfus, il prend parti passionnément contre l'injustice et milite, avec les socialistes, pour la révision du procès. Il renonce à l'enseignement pour mener une carrière d'écrivain en fondant les *Cahiers de la quinzaine*, après avoir rompu avec ses amis socialistes. De 1900 à 1914, ces *Cahiers* vont faire connaître au public, outre les œuvres de Péguy lui-même, d'autres écrivains comme Romain Rolland, et animer tout un courant intellectuel et littéraire. Péguy y exprime un attachement mystique à sa patrie, et après sa conversion en 1908, à la foi catholique. Il écrit alors ses grandes œuvres poétiques, œuvres lentes et longues où, de reprise en répétition, d'infimes modifications dans la phrase viennent approfondir et forger peu à peu une pensée qui s'ouvre à toutes ses résonances philosophiques.

Parmi ces *Tapisseries*, *Ève*, long poème qui compte près de deux mille quatrains, est sa dernière œuvre. Signée du 28 décembre 1913, et à bien des égards annonciatrice de la guerre, elle est tout entière comme un monologue prophétique à la charnière des temps, et le grand *lamento* d'une immense durée posée dès le commencement :

Jésus parle.
– Ô Mère ensevelie hors du premier jardin […]

L'évocation toute poétique du monde lumineux et limpide qu'était ce premier jardin à l'état naissant conduit à une confrontation avec ce qu'en ont fait les hommes — et ce qu'Ève n'a pas pu empêcher de faire ; de désastre en désastre, dont le plus terrible est la guerre, l'ancêtre légendaire est devenue cette Mère douloureuse qui au long des siècles retient dans ses bras ses enfants morts, jusqu'au Jugement dernier.

Mobilisé en tant que lieutenant de réserve dès la déclaration de guerre, Péguy fut tué un mois plus tard, près de Meaux, au début de la bataille de la Marne.

Ève (extrait)

Vous regardez monter cette double impuissance,
L'impuissance d'aimer et celle de haïr.
Vous regardez monter cette double licence,
La licence d'aimer et celle de trahir.

Vous voyez s'en aller cette double puissance.
La puissance d'aimer et celle d'obéir.
Vous voyez succomber cette double décence,
La décence d'aimer et celle de faillir.

Vous regardez sombrer cette double clémence,
La clémence d'amour et de fraternité.
Vous regardez monter cette double démence,
La démence de haine et d'inhumanité.

Et moi je vous salue, ô reine de décence.
Vous rangez le fumier dans le fond du jardin.
Vous balayez le seuil et le premier gradin.
Et vous vous avancez, merveille d'innocence.

Et vous vous tenez là, reine de réticence :
Et l'homme n'est qu'un sot devant votre balai.
Des ordures du jour vous faites un remblai,
Un tas devant la porte, et par obéissance

Vous ramassez la fleur après qu'elle est fanée.
Aux justices de Dieu vous faites un délai.
Des injures du jour vous faites le déblai.
Vous ramassez l'avoine après qu'elle est vannée.

Questions

1) Comment les quatrains d'alexandrins font-ils ressortir, par les tournures reprises, la résignation ou la passivité d'Ève ?
2) À quelles vertus obéit-elle, face au spectacle des humains entre eux ? Étudiez notamment les effets d'écho ou d'opposition entre les mots placés à la rime.
3) La disposition des rimes change après les trois premiers quatrains ; quels sont les deux mouvements qui s'enchaînent dans ce passage ?

VII – ARAGON : *La Rose et le réséda* - 1942

Louis Aragon (1897-1982) avait trouvé dans le surréalisme à ses débuts un moyen de libération pour la poésie, et s'était associé aux efforts d'André Breton dès 1918 pour révolutionner le langage poétique. Il rompit par la suite avec le mouvement surréaliste et mena une carrière d'écrivain et d'homme d'action, militant du parti communiste. Après la défaite de 1940, il entre dans la Résistance et engage la poésie dans le combat. Colère, révolte ou appel à la vengeance, aussi bien qu'hommage aux martyrs ou chant de l'espérance inspirent dans la clandestinité cette poésie engagée, qui est poésie de circonstance, mais qui a su tirer de telles et si exceptionnelles circonstances l'expression de l'honneur et de la conscience humaine. Aragon alors se réclame de l'auteur des *Châtiments* :

> Alors le vieil Hugo sur la place publique
> De son rocher de bronze entouré d'ailes d'or
> Cria   (*Langage des statues*)

La Rose et le réséda est une « chanson » publiée à Marseille en 1942, puis à Genève en 1943. Elle figure dans le recueil clandestin *L'Honneur des poètes*, paru aux Éditions de Minuit le 14 juillet 1943, avec une préface d'Éluard qui se réfère à son tour à « Hugo appelant aux armes ». Enfin elle est reprise en 1945 dans *La Diane française*, où Aragon place en tête du poème la dédicace à quatre résistants martyrs qu'il salue deux à deux, différents par leurs convictions, mais unis dans un même destin tragique. Le sentiment intense d'une fraternité liée au même amour de la patrie a survécu aux circonstances qui ont inspiré ce poème, puisque celui-ci a été récité dans la cour des Invalides pour le vingtième anniversaire de la Libération.

La rose et le réséda

> Celui qui croyait au ciel
> Celui qui n'y croyait pas
> Tous deux adoraient la belle
> Prisonnière des soldats
> Lequel montait à l'échelle
> Et lequel guettait en bas
> Celui qui croyait au ciel
> Celui qui n'y croyait pas
> Qu'importe comment s'appelle
> Cette clarté sur leur pas
> Que l'un fût de la chapelle
> Et l'autre s'y dérobât

Celui qui croyait au ciel
Celui qui n'y croyait pas
Tous les deux étaient fidèles
Des lèvres du cœur des bras
Et tous les deux disaient qu'elle
Vive et qui vivra verra
Celui qui croyait au ciel
Celui qui n'y croyait pas
Quand les blés sont sous la grêle
Fou qui fait le délicat
Fou qui songe à ses querelles
Au cœur du commun combat
Celui qui croyait au ciel
Celui qui n'y croyait pas
Du haut de la citadelle
La sentinelle tira
Par deux fois et l'un chancelle
L'autre tombe Qui mourra
Celui qui croyait au ciel
Celui qui n'y croyait pas
Ils sont en prison Lequel
A le plus triste grabat
Lequel plus que l'autre gèle
Lequel préfère les rats
Celui qui croyait au ciel
Celui qui n'y croyait pas
Un rebelle est un rebelle
Nos sanglots font un seul glas
Et quand vient l'aube cruelle
Passent de vie à trépas
Celui qui croyait au ciel
Celui qui n'y croyait pas
Répétant le nom de celle
Qu'aucun des deux ne trompa
Et leur sang rouge ruisselle
Même couleur même éclat
Celui qui croyait au ciel
Celui qui n'y croyait pas
Il coule il coule et se mêle
À la terre qu'il aima
Pour qu'à la saison nouvelle
Mûrisse un raisin muscat
Celui qui croyait au ciel
Celui qui n'y croyait pas
L'un court et l'autre a des ailes
De Bretagne ou du Jura
Et framboise ou mirabelle
Le grillon rechantera

Dites flûte ou violoncelle
Le double amour qui brûla
L'alouette et l'hirondelle
La rose et le réséda

Louis Aragon, *La Rose et le réséda*,
du recueil « La Diane française »,
© Seghers.

Questions

1) Aragon désigne ce poème comme « chanson » ; à l'appui de cette assertion, étudiez le rythme des vers, la succession alternée de deux sonorités (rimées ou assonancées), l'enchaînement d'un refrain et de quatrains sans intervalle et sans ponctuation... Caractérisez l'effet produit et la tonalité cherchée.
2) Quels détails font deviner un récit qui n'est pas fait ?
3) Quelles allusions symbolisent l'état de la France occupée ?
4) Quelles images éclairent l'attachement des héros à leur idéal ? Et de quels contrastes naît le pathétique ?

VIII – PRÉVERT : Salut à l'oiseau - 1945

Jacques Prévert (1900-1977) avait quarante-cinq ans quand parut ce poème dans son recueil *Paroles*. Mais sa carrière de poète avait commencé par une période surréaliste, de 1925 à 1929 ; et *Paroles* rassemblait des poèmes écrits entre 1930 et 1944. Prévert était connu surtout pour avoir écrit les scénarios et les dialogues de grands films de Marcel Carné depuis 1937 : *Drôle de drame, Quai des brumes, Le Jour se lève, Les Visiteurs du soir, Les Enfants du paradis*. Il avait même déjà un succès populaire par des chansons, puisque Joseph Kosma avait mis en musique certaines de ses poésies pour des interprètes comme Yves Montand, Juliette Gréco ou Serge Reggiani, entre autres... Déjà familiarisé avec cette humeur frondeuse et ce ton gouailleur, le public fit un accueil enthousiaste aux poésies, qui obtinrent des éloges d'Henri Michaux, de Gide ou de Raymond Queneau... C'est que Prévert était de plain-pied avec son temps, et qu'après en avoir vécu les difficultés et les risques, il savait en exprimer les rancœurs et les aspirations, sans ménagement pour les convenances ou pour les pouvoirs, mais avec une immense et fraternelle aspiration à la liberté et à l'épanouissement du bonheur. *Paroles* fut réédité en 1947 et en 1949 ; et les

Œuvres complètes de Prévert occupent deux tomes de la collection de la Pléiade.

Les poèmes de *Paroles* se succèdent sans effort de construction apparent, selon la diversité et la fantaisie de l'invention. Au ras de la vie quotidienne, le poète découvre ses révoltes ou ses rêves, s'engageant au côté des humbles et des opprimés pour dénoncer ce qui porte atteinte à leur liberté, ou pour s'émerveiller de leurs bonheurs. L'atmosphère poétique naît subtilement des aventures et des rencontres du langage.

Salut à l'oiseau (début)

Je te salue
geai d'eau d'un noir de jais
que je connus jadis
oiseau des fées
oiseau du feu oiseau des rues
oiseau des portefaix des enfants et des fous
Je te salue
oiseau marrant
oiseau rieur
et je m'allume
en ton honneur
et je me consume
en chair et en os
et en feu d'artifice
sur le perron de la mairie
de la place Saint-Sulpice
à Paris
où tu passais très vite
lorsque j'étais enfant
riant dans les feuilles du vent
Je te salue
oiseau marrant
oiseau si heureux et si beau
oiseau libre
oiseau égal
oiseau fraternel
oiseau du bonheur naturel
Je te salue et je me rappelle
les heures les plus belles
Je te salue oiseau de la tendresse
oiseau des premières caresses
et je n'oublierai jamais ton rire
quand perché là-haut sur la tour
magnifique oiseau de l'humour
tu clignais de l'œil

en désignant de l'aile
les croassants oiseaux de la morale
les pauvres échassiers humains
et inhumains
les corbeaux verts de Saint-Sulpice
tristes oiseaux d'enfer
tristes oiseaux de paradis
trottant autour de l'édifice
sans voir cachés dans les échafaudages
la fille entrouvrant son corsage
devant le garçon ébloui par l'amour
Je te salue
oiseau des paresseux
oiseau des enfants amoureux
Je te salue
oiseau viril
Je te salue
oiseau des villes

Jacques Prévert, fragment de
« Salut à l'oiseau »,
© Gallimard.

Questions

1) En étudiant l'enchaînement de ce poème en vers libres, rythmé par la formule « Je te salue », cherchez comment les qualificatifs attribués à l'oiseau suggèrent peu à peu un portrait du poète.
2) Comment les verbes à la première personne accompagnent-ils l'éveil des souvenirs, laissant deviner de brefs récits ?
3) Des rimes ou des assonances se font écho par endroits à la fin des vers. Essayez de caractériser les moments d'émotion qui se trahissent ainsi.
4) Comment les juxtapositions de mots font-elles rebondir le poème tantôt sur ce qu'aime le poète, tantôt sur ce qu'il réprouve ? Que représente le symbole de l'oiseau ?

ÉTUDE THEMATIQUE

> (161) « Tiens vis-à-vis des autres ce que tu t'es promis à toi seul. Là est ton contrat. »
> (162) « Voici l'époque où le poète sent se dresser en lui cette méridienne force d'*ascension*. »
>
> (René Char - *Feuillets d'Hypnos*)

I. INTRODUCTION

1. Les poètes dans la tourmente de l'histoire

De Ronsard à Prévert, poète après poète, chacun mène son propre combat, selon la seule règle de sa conscience ; si bien que chacun, dans ce combat d'un homme parmi les hommes, s'élève au plus haut de lui-même. C'est son devoir de poète engagé. C'est ce que rappelle René Char dans les *Feuillets d'Hypnos*, rédigés pendant l'Occupation, quand il se battait dans la Résistance et s'interdisait dans le même temps toute activité poétique. Il ne cessait pourtant pas de se sentir poète, et de réagir à la fois en homme et en poète aux événements, parfois tragiques, que lui réservait la succession des jours. Ainsi rend-il hommage, vers les mêmes moments, à l'un de ses compagnons :

> Nous sommes tordus de chagrin à l'annonce de la mort de Robert G., tué dans une embuscade à Forcalquier dimanche […] Il portait ses quarante-cinq ans verticalement, tel un arbre de la liberté. Je l'aimais sans effusion, sans pesanteur inutile. Inébranlablement. (157)

Cette attitude de dignité que salue le poète, debout dans l'action aux côtés de ses compagnons de lutte, illustre un parti pris de refus, d'audace et de fidélité, qui prend des formes différentes selon les circonstances où le poète se trouve placé : simple témoin, ou voix tonnante pour dominer l'orage, victime lui-même, ou proclamant à ses risques cet autre pouvoir de tenir tête et de refuser. Tantôt il est pris dans la tourmente des événements, tantôt il obéit à une exigence personnelle. Toujours il affronte des risques en cherchant à s'élever contre le consentement, l'aveuglement ou l'injustice, et il demande à tous les moyens que lui offre la poésie le pouvoir de rayonnement des pensées qui lui tiennent à cœur.

2. Poésie engagée, poésie lyrique

Étant donné tout ce que le poète y met de lui-même, de sa vie bouleversée, voire menacée, de ses émotions violentes, de ses jugements tranchants, de ses emportements décisifs, les œuvres engagées, de toute évidence, relèvent de la poésie lyrique à l'origine. Elles portent à un éblouissant rayonnement et comme à une suprême clarté tout signe fait aux hommes comme un signal d'action, et tournent le dos à la pure contemplation. Hugo avait d'avance formulé ce retournement, dès la conclusion des *Feuilles d'automne* (novembre 1831) :

> J'oublie alors l'amour, la famille, l'enfance,
> Et les molles chansons, et le loisir serein,
> Et j'ajoute à ma lyre une corde d'airain[1] !

Le poète métaphoriquement accompagne sa poésie de la lyre, mais son lyrisme se transforme, si les sons qu'il en veut tirer exigent une corde nouvelle. Les tons se diversifient, au service d'intentions politiques ou morales. Les formes s'adaptent, parfois des formes nouvelles surgissent pour porter l'inspiration d'un instant neuf (comme les *Iambes* d'André Chénier, dont Hugo s'est voulu le continuateur, en en plaçant le dernier vers en exergue* de ce poème de conclusion des *Feuilles d'Automne*). Mais tout se rassemble en un lyrisme entraînant, qui se destine à être entendu du public. Cette attente d'une réponse a, par exemple, ramené des poètes engagés contemporains, issus du surréalisme, à un langage plus simple et plus clair que dans leurs œuvres antérieures, vouées à l'exploration individuelle des abîmes du sentiment ou du rêve.

3. Travaux d'approche

Si déterminant que soit l'exemple de l'auteur des *Châtiments*, qui a utilisé la poésie comme un appel et comme un anathème* dans l'exacte perspective de sa fonction de poète, « écho sonore » parmi les hommes et dans la nature, ce poète n'en suivait pas moins une voie ouverte avant lui depuis l'antiquité par de grands poètes lyriques et satiriques. Il est à remarquer que, généralement, ce sont des poètes confirmés qui se mettent à l'écoute des circonstances pour les juger et tenter de les orienter ; et la partie engagée de leur poésie s'insère comme une enclave dans leur œuvre, dont elle reste parente, ou tributaire. Aussi faut-il d'abord observer une évolution

---

1. Voir texte complémentaire G.

historique dans l'usage qui en est fait, et qui se transforme selon les époques et selon les hommes.

Les différences d'époque n'empêchent pas de constater des convergences entre ces grands sursauts, autour d'idéaux humains constamment menacés, comme la paix ou la liberté. Ce lyrisme s'exprime diversement, tantôt selon les formes habituelles au tempérament du poète, tantôt selon l'invention, à vif, d'un genre renouvelé qui reste désormais inséparable d'un certain acharnement dans la violence ou le dégoût, comme les iambes*.

Enfin des tons très variables font passer dans cette inspiration lyrique des réactions multiples et des attitudes changeantes, de l'invective à l'ironie ou à la caricature, qui concourent à rendre plus présent un engagement qu'aucune d'entre elles ne résume à elle seule. Les huit passages poétiques qui ont été présentés ici peuvent donner l'idée de ces diversités et de ces convergences.

II. ÉVOLUTION HISTORIQUE

1. L'héritage antique

En Grèce : Archiloque (né vers 705 av. J.-C.)

Alors que le VIIIe siècle av. J.-C. avait vu le développement de la poésie épique, les aèdes* qui succédèrent à Homère profitèrent, aux VIIe et VIe siècles av. J.-C., des perfectionnements de la musique et purent s'accompagner de la lyre et de la flûte pour réciter leurs poèmes. De l'épopée on passa au lyrisme : la poésie chantée sur la lyre, dont la musique était composée par l'auteur, devint l'élégie*, forme propice à l'expression des sentiments personnels. Ce lyrisme s'est transmis à la poésie française, et des poètes comme Ronsard ou Hugo, sans composer de musique d'accompagnement, s'en tiendront à l'invention des rythmes et des strophes pour diversifier et ordonner à la fois l'expression lyrique des sentiments ; la poésie française trouve en effet sa musique propre par la modulation du langage et la pluralité des sens qu'elle est susceptible d'évoquer.

Chez les Grecs le poète Archiloque, originaire de l'île de Paros, fut célèbre à la fois par ses élégies* et par la violence de ses iambes*. L'iambe a tiré son nom du fait qu'on se « lançait au visage » des sarcasmes* improvisés au cours des fêtes de Déméter ; son rythme violent, haché convient particulièrement à la raillerie injurieuse. Chénier l'a transposé en français par la succession d'un alexandrin et d'un octosyllabe. Ainsi Archiloque, dont nous ne connaissons plus que d'infimes fragments, a introduit dans l'expression poétique la violence de l'invective quand les circonstances de sa vie l'ont amené à se servir de la poésie comme d'une arme vengeresse, ainsi qu'il a été raconté plus haut. Parmi les quelques vers qu'on a gardés de lui, on peut lire :

> Je possède un grand art : quand on me blesse, je rends de cruelles blessures...

À Rome : Juvénal (60-130 ap. J.-C.)

La littérature latine a possédé, elle aussi, une forme spécifique pour la poésie qui dénonce ou veut combattre les vices de son temps. Au IIIe siècle av. J.-C. la satire, genre issu d'un mélange, fit son apparition pour la critique des mœurs : on ne sait plus s'il s'agissait d'un mélange de danse et de propos provocateurs dans le théâtre romain primitif, ou d'un mélange de prose et de vers dans les œuvres de Bion ou de Ménippe, dont rien ne nous est parvenu. Perdue également l'œuvre poétique de Lucilius, qui critiquait la société en vers traditionnels, plutôt narquois que violents, au IIe siècle av. J.-C., et qui fut populaire sous la République. Grâce à lui la satire devint une forme propre à la littérature latine.

Le plus véhément des satiriques latins, Juvénal, fut un rhéteur* du IIe siècle ap. J.-C. ; né en 60, il ne composa ses pamphlets* qu'après la mort du tyran Domitien, quand vinrent au pouvoir les empereurs modérés, Trajan puis Hadrien. Tout en regrettant la frugalité de la Rome primitive, il ne s'en prit ni aux institutions ni aux personnes vivantes (bien que Victor Hugo l'ait appelé « la vieille âme libre des républiques mortes »). Ancien officier habitué aux mœurs provinciales, il attaqua les ridicules et les vices de la société romaine, le culte de la richesse, la prédominance des parvenus, l'importance accordée aux Orientaux ou le dédain pour les arts et l'intelligence...

Longuement habitué à l'exercice de la déclamation, c'est aux procédés oratoires qu'il doit la violence de ses reproches, vivifiés par le don des formules et des traits de la caricature. Il est le modèle direct de Victor Hugo dans *Les Châtiments*. De Juvénal procède également la verve satirique de Régnier ou de Boileau qui, sans être engagés dans aucune lutte, se voulaient seulement lucides sur leurs contemporains. Enfin, par son tour d'esprit plutôt que par un genre littéraire déterminé, Juvénal annonce le ton polémique de la poésie engagée, telle qu'elle se manifestera surtout à partir de Victor Hugo.

2. En France avant Victor Hugo

Ronsard

Dans leur désir de vivifier la poésie française par les exemples qu'ils admiraient chez les poètes grecs et latins, les poètes de la Renaissance étaient familiarisés avec cet héritage antique. Mais leur goût des lettres ne pouvait les tenir à l'écart de la réalité pressante et sanglante des guerres de religion, qui accablèrent le royaume pendant près de quarante ans dans la seconde moitié du XVIe siècle, étouffant l'épanouissement si prometteur des arts et des sciences dont l'humanisme était porteur.

Ronsard en tout cas, poète de la Cour à l'avènement de Charles IX, était assez célèbre pour compter des amis dans les deux camps. Profondément convaincu que le poète avait, en tant qu'inspiré, un rôle exceptionnel à tenir parmi les hommes pour gagner la gloire et passer à la postérité, il se tint à la hauteur de cette mission dès que la situation s'aggrava, et fit entendre d'abord des accents modérateurs. Dès 1560, la conjuration d'Amboise, fomentée par les protestants, fut suivie d'une répression cruelle ; Ronsard écrivit l'*Élégie à Guillaume des Autels* pour rendre hommage aux Guise, chefs du parti catholique, et déconseiller la violence. Puis il dédie à Charles IX l'*Institution pour l'adolescence du Roi* sans s'inféoder à aucun des deux camps, et en justifiant ses conseils d'ordre pédagogique et moral par le simple recours à la raison.

Pourtant la guerre civile s'engage à partir de 1562 et Ronsard, qui vit de bénéfices ecclésiastiques, se trouve entraîné dans le parti des Guise. Il écrit le *Discours à la Reine* pour déplorer la guerre civile et supplier la Reine de mettre fin aux discordes[1]. Dans la *Continuation du discours des misères de ce temps*, il garde cette attitude de conseiller confiant dans les institutions établies et la religion unique pour calmer les violences, d'où qu'elles viennent. Les affrontements vont se poursuivre néanmoins jusqu'aux portes de Paris, Condé amenant ses troupes huguenotes à Montrouge. Ronsard compose la *Remontrance au peuple de France*, poème anxieux sur une capitale en alerte[2].

Alors les attaques s'enveniment et la polémique devient personnelle. Pour se défendre, Ronsard compose la *Réponse aux injures et calomnies de je ne sais quels prédicants et ministres de Genève*. Il maintient hautement sa fidélité à sa vocation de poète, tout en affirmant sa confiance dans la

---

1. Voir texte canonique I.
2. Voir texte complémentaire A.

politique royale ; et il termine sur un éloge de la paix. Quand la politique devient plus modérée, Ronsard se tait et cesse d'intervenir dans les querelles, sauf en quelques poèmes de circonstance, destinés à exprimer son soutien à la Reine, par exemple à propos des victoires remportées sur les protestants par le jeune duc d'Anjou, frère de Charles IX, à Jarnac et à Moncontour. Tout cet ensemble de poésies, liées à des circonstances diverses, constitue les *Discours des misères de ce temps*, repris dans l'édition collective de 1569. Dès 1563 le poète revient à l'inspiration plus souriante des *Bocages* et des *Mélanges*.

Ronsard avait utilisé dès ses *Hymnes*, publiés en 1555 (sur des sujets graves et philosophiques), l'alexandrin à rimes plates avec alternance des rimes, dont l'ampleur s'adaptait mieux que le traditionnel décasyllabe aux sujets d'une certaine tenue, et qui restera désormais le vers régulier de la tragédie, de la comédie et de tous les genres soutenus de la poésie jusqu'à la fin du XIXe siècle. Dans le passage du *Discours à la Reine* ici retenu, ce rythme de l'alexandrin donne une ampleur oratoire à l'indignation et à la pitié qui animent le poète, dans un appel solennel au jugement lointain de la postérité, puis à l'intervention immédiate de la Reine. La forme du *Discours* annonce les tirades de la tragédie cornélienne, sans constituer une forme particulière à la polémique. C'est en tant que grand poète et rénovateur du vers français que Ronsard un moment a mis son art au service d'une cause importante entre toutes, celle de la paix civile.

D'Aubigné

Un grand poète aussi prit la parole du côté protestant, mais sans influer plus que Ronsard sur les événements en cours, puisque d'Aubigné publia les *Tragiques* une cinquantaine d'années après les *Discours* de Ronsard, en 1616, après avoir passé une grande partie de sa vie à composer cet ardent poème, témoignage d'un rescapé des guerres de religion qui se refuse à l'oubli et au pardon. Il n'avait pas pour but de répondre à Ronsard (pour qui il gardait une entière admiration), et se contentait d'entretenir dans la solitude sa « passion partisane » et sa fureur intacte.

« Nous sommes ennuyés de livres qui enseignent, donnez-nous-en pour émouvoir, en un siècle où tout zèle chrétien est péri, où la différence du vrai et du mensonge est comme abolie », annonce-t-il dans son *Avertissement* aux lecteurs.

Les Tragiques, au titre significatif, développent cet appel à l'émotion des lecteurs dans la succession de sept Livres, qui comptent entre mille et mille cinq cents alexandrins chacun, et portent comme titres : *Misères - Les*

Princes - La Chambre dorée (satire de la justice) - *Les Feux - Les Fers - Vengeances - Jugement*.

D'Aubigné se veut proche du réel[1], choisissant d'évoquer les malheurs qui l'ont scandalisé par la cruauté, l'injustice ou la corruption. Il dépeint sans atténuation les misères du peuple protestant sans défense devant ses bourreaux :

> L'homme est en proie à l'homme, un loup à son pareil. (I - v. 211)

Tous les niveaux de la société, des plus humbles aux plus puissants, sont placés, en un élargissement épique, sous le regard de Dieu, qui récompensera les martyrs et livrera les méchants aux châtiments éternels.

Le ton se fait prophétique contre les tyrans qui trahissent leurs devoirs vis-à-vis du peuple[2]. Comme Ronsard, d'Aubigné donne des conseils aux Rois ; mais à la différence de Ronsard il n'a que haine et mépris contre « le joug des Médicis », et rend la Reine responsable des calamités qui accablent le pays. Tous les monstres de la légende et de l'histoire romaine lui semblent moins nuisibles que Catherine de Médicis, qu'il accuse de détruire volontairement la France avec l'aide de son conseiller, le cardinal de Lorraine.

> Voici les deux flambeaux et les deux instruments
> Des plaies de la France et de tous ses tourments :
> Une fatale femme, un cardinal qui d'elle,
> Parangon de malheur, suivait l'âme cruelle. (I - v. 723 à 726)

Le pamphlet* est direct. Les allusions mythologiques et, plus nombreuses encore, les références bibliques ne font qu'en accentuer la violence et rendre la condamnation plus décisive. Le ton prophétique se coule à merveille dans de longues périodes en alexandrins, où éclatent par moments des formules ou des images frappantes.

Le texte retenu montre ce désir de rendre la réalité présente par la précision des détails et la vie de l'évocation, mais aussi le don qu'a ce poète d'amplifier ses souvenirs et de les élever à la grandeur épique. Le sujet des guerres civiles est tragique entre tous par les traits sanglants et terrifiants qu'il accumule et expose à la pitié des lecteurs. S'appuyant sur une satire continuelle et violente, le poète débouche sur la grandeur épique du Jugement Dernier et de la récompense des Justes.

En des circonstances également dramatiques et proches de nous, dans la France divisée et soumise à la force de l'armée d'occupation en 1941, Pierre

---

1. Voir texte canonique II.
2. Voir texte complémentaire B.

Seghers, poète lui-même et éditeur des poètes de la Résistance, publia dans le numéro de Noël de sa revue *Poésie 41* le *Jugement* d'Agrippa d'Aubigné. Dans son livre *La Résistance et ses poètes*, publié en 1974, il rapporte le texte de présentation par lequel il situait et expliquait ce choix :

> Dans la nuit, au-dessus des malheurs et des siècles, *Poésie 41-42* reprend le message d'un grand poète. Certaines œuvres brûlent comme des torches. Il faut assurer les relais.

Une haute conception de la culture comme mémoire des actes de l'homme et des devoirs à assumer dans les relais des luttes se manifeste effectivement, et assure une continuité au sursaut de conscience ou de lucidité qui fait réagir les poètes.

Comme Ronsard, d'Aubigné dénonce les malheurs nés de la haine et du mépris, qui ont provoqué la guerre ; il déplore la violence et les atrocités qu'elle entraîne ; il en appelle à la paix, ainsi qu'à la justice. Et bien que chacun des deux ait construit son œuvre indépendamment, l'un et l'autre se font écho à travers le temps, au-delà des circonstances qui les opposaient, en ce vibrant appel qu'ils adressent aux hommes pour refuser l'inhumain.

La satire au XVIIe siècle

Dans les années mêmes où d'Aubigné achevait les *Tragiques*, Mathurin Régnier (1573-1613) se lançait sur les traces de Juvénal pour narguer les défauts de ses contemporains, prenant le ton de la causerie familière dans ses *Satires*[1]. Un abîme sépare l'engagement de d'Aubigné et sa hauteur prophétique, de la satire malicieuse et pittoresque de Régnier. La clairvoyance et le souci de la vérité poussent bien évidemment ce poète à attaquer des vices du temps parfois dangereux, comme l'hypocrisie de Macette, qui ouvre la voie au *Tartuffe* de Molière. Mais Régnier se sent poète par goût, sans mission particulière, et plaisante sur sa pauvreté, qu'il compare ironiquement aux avantages fructueux du métier de médecin, annonçant aussi l'acharnement de Molière contre l'ignorance et le faux-semblant. Sous le règne de Louis XIII, ces joyeuses caricatures n'égratignent ou ne déconsidèrent que leurs modèles.

À plus forte raison la monarchie absolue de Louis XIV, qui a favorisé l'épanouissement de l'art classique, ne donnera-t-elle pas matière aux écarts des poètes. Boileau pourtant (1636-1711) est poussé par son tempérament satirique, après Régnier, à reprendre le flambeau de Juvénal[2]. Sa vocation

---

1. Voir texte complémentaire C.
2. Voir texte complémentaire D.

de polémiste le pousse à railler les mœurs de son temps dans des satires aussitôt célèbres : *Le Repas ridicule* (satire III), *Les Embarras de Paris* (satire VI) ; il traite aussi de sujets moraux, et se fait redouter pour ses jugements littéraires. Avec un goût très sûr, il a soutenu les meilleurs écrivains de son temps, entre autres ses amis Racine, Molière ou La Fontaine, et il a dégagé, d'après leurs réussites, les grands principes d'un art littéraire classique. Mais sa perspicacité et la vigueur de ses railleries ne constituent pas à proprement parler un engagement ; encore que la satire, à d'autres époques, puisse être un des moyens dont dispose la poésie engagée.

Chénier

Le déchaînement des passions et des violences, qui avait conduit Ronsard, puis d'Aubigné à prendre parti dans les discordes civiles de leur temps, fut beaucoup plus brutal et plus désastreux pour André Chénier, l'une des dernières victimes de la Terreur en 1794, mort à trente-deux ans sans être connu comme poète. Il n'a publié de son vivant que deux œuvres d'inspiration contradictoire : *Le Jeu de Paume* (1791), poème à la gloire du peintre David (auteur du tableau *Le Serment du Jeu de Paume*), et *L'Hymne aux Suisses de Châteauvieux* (1792), ironisant sur la révolte de ceux qu'il appelle « les Suisses de Collot d'Herbois », amnistiés sous la pression du Club des Jacobins bien qu'ils aient pillé les caisses de leur régiment et tué leurs officiers. L'inspiration politique n'avait provoqué chez ce poète, nourri de culture antique, et enthousiaste de liberté, que ces poésies révélatrices d'un revirement qui devait le conduire à la mort.

Car il avait été un poète solitaire, absorbé par sa lecture des poètes antiques et par le sentiment qu'il en tirait d'une poésie harmonieuse et vraie, nourrie de son invention et de son enthousiasme. Hors de ses travaux poétiques, il rencontrait dans le salon de sa mère une société brillante d'artistes, de diplomates et d'hommes politiques qui devaient jouer un rôle dans la Révolution. La lecture de Montaigne, l'influence encore proche de Voltaire et de Rousseau avaient préparé le jeune poète à accueillir avec bonheur les premières conquêtes de la Révolution comme annonciatrices d'une ère de liberté. En 1789 il se trouvait à Londres comme secrétaire d'ambassade, impatient de revenir dans sa patrie. Après son retour il se lança dans le journalisme politique. Sans briguer aucun emploi ni appartenir à aucune association, il voulut défendre la vérité et la liberté, et se refusa à flatter les excès de la fureur populaire. Il en vint à prendre position ouvertement contre les Jacobins. Pendant le procès de Louis XVI, il apporta discrètement son aide à Malesherbes pour assurer la défense du Roi. C'était se rendre suspect dans les déchaînements de la Terreur. Par prudence il se retira quelques mois à Versailles, puis revint à son domicile à Passy. C'est à Passy, non loin de chez lui, qu'il fut arrêté le 7 mars 1794, alors qu'il rendait visite à une personne, elle aussi suspecte, et qui venait de s'enfuir. On l'accusa d'avoir aidé à cette fuite. Il fut transféré à la prison de Saint-Lazare, où il composa ces poésies vengeresses qui ont fait de lui un poète engagé, et qui s'échelonnent sur les derniers mois de sa vie.

Habitué à lire les poètes grecs, il emprunte à Archiloque, avec la violence de l'invective*, la forme iambique qu'il transpose dans la versification française par la succession d'un alexandrin et d'un octosyllabe[1]. Reprenant métaphoriquement l'accusation que ses ennemis portent contre lui, il revient sur sa vie studieuse, pour montrer que la haine et le meurtre n'ont pas place dans ses préoccupations, mais pour menacer des fureurs de la poésie les ennemis de la patrie, ceux qui tyrannisent au nom de la liberté pour faire taire les vrais patriotes. C'est au nom du respect des lois qu'il se défend, et son but, comme il l'affirme dans le dernier vers, « c'est donner la vie aux humains ».

La violence de la désillusion lui inspire des accents implacables et justes. La poésie se fait le tribunal du vrai. Et quand les œuvres de Chénier seront enfin publiées et connues, trente ans plus tard, le poète au destin tragique deviendra le symbole de la Vertu bafouée par l'arbitraire et le crime. Hugo placera le dernier vers des *Iambes*

> Toi, Vertu, pleure si je meurs

en exergue* du poème où il annonce : « Et j'ajoute à ma lyre une corde d'airain », pour mettre en jugement les tyrans au regard de la poésie fraternelle et protectrice des humbles[2].

Dans le temps même où il s'indignait contre ses bourreaux, Chénier gardait intactes ses ressources d'admiration pour saluer le courage de Charlotte Corday, qui venait d'assassiner Marat, et qui mourut courageusement sur l'échafaud en espérant sauver la France de l'esclavage[3]. Il trouvait aussi bien les accents d'une tendre mélancolie pour exprimer les adieux à la vie de *La jeune Captive*. Son inspiration s'était élargie, mais non déformée, sous le coup du sort qui le frappait d'un destin si injuste.

---

1. Voir texte canonique III.
2. Voir texte complémentaire G.
3. Voir texte complémentaire E.

Lamartine et l'action politique

La Révolution de 1830 provoque un tournant décisif dans la carrière de Lamartine. Comme il avait donné le ton de la sensibilité romantique par les *Méditations* en 1820, il fait céder dix ans plus tard ses convictions royalistes à sa sympathie pour le peuple ; et le romantisme adopte à son tour cet esprit libéral au moment où, sous la pression des mêmes événements, Hugo, lui aussi, se lance dans le mouvement politique et social de son temps. Lamartine a confiance dans le progrès, qui fera triompher l'opinion des masses. Dès 1827 il a prévu la chute de Charles X et blâmé les erreurs de l'absolutisme qui ne tient pas compte de cette opinion, où il sent la grande force de l'avenir. À l'avènement de Louis-Philippe, pour préserver son indépendance, il démissionne des fonctions de secrétaire d'ambassade, qu'il exerçait à Florence ; il songe à écrire des « odes* politiques », une forme nouvelle de poésie qu'il définit dans une lettre du 19 novembre 1830 :

> Songez que toute poésie politique doit être poésie populaire [...]

La poésie ne va pas l'aider pourtant à entrer dans la carrière politique. Lorsqu'il se présente comme député à Bergues dans l'arrondissement de Dunkerque, le poète Barthélemy publie contre lui un violent pamphlet* en vers dans le journal *Némésis* du 3 juillet. L'élection a lieu trois jours plus tard, sans que la riposte de Lamartine ait suffi à le faire triompher (il obtint cent quatre-vingt-une voix, contre cent quatre-vingt-dix-huit à son concurrent). À Toulon, où Lamartine était également candidat, il n'obtint que soixante-douze voix contre soixante-dix-huit. On peut conclure que sa poésie, assurément sincère, accompagnait sa démarche politique sans en être l'appui marquant. C'est à l'éloquence de ses discours qu'il devra sa carrière politique, comme député de Bergues en 1833, puis de Mâcon.

La *Réponse à Némésis*[1] est écrite dans l'ardeur de l'indignation. Le mouvement « Honte à qui peut chanter... », repris trois fois, lance l'anathème* contre la tyrannie d'un Néron, mais aussi et tout autant contre l'indifférence du poète qui ne songerait qu'à écouter son propre chant. Lamartine s'engage à « combattre avec l'arme qui reste » pour la défense de la liberté. La poésie digne de ce nom est capable d'exprimer les souffrances et les angoisses qui se développent autour d'elle. Elle devient une arme et une voix pour protéger tout ce qui compte, et que le poète symbolise en un vers :

---

1. Voir texte canonique IV.

Rome, les dieux, la liberté.

L'individu s'efface, dans ces grands moments, quand il appartient à l'être humain de déterminer ce qui donne un sens à sa vie parmi les autres hommes : « Patrie et liberté, gloire, vertu, courage »

Ainsi Lamartine place-t-il très haut la controverse, en niant tout moyen terme entre la tyrannie égoïste et perverse de Néron, faisant brûler Rome pour inventer des vers et chanter face à l'incendie, et le citoyen pur et désintéressé, prêt à consacrer son art, de toute sa ferveur patriotique, à défendre la liberté.

L'engagement se prononce ici dans un emportement de réprobation et d'enthousiasme, auquel l'arrière-plan de civilisation romaine donne, avec l'ampleur, la hauteur d'un symbole. Sans renier les chants solitaires que lui ont inspiré auparavant l'amour et la mort, le poète se donne pour devoir, quand les circonstances provoquent l'incendie, de mettre sa poésie au service de ce qu'il faut sauver : la liberté d'abord, et aussi la patrie reçue en héritage.

Aucune expression de haine, dans cette *Réponse*, n'était de nature à empêcher les deux poètes adversaires de se réconcilier par la suite, comme ils le firent un peu plus tard. Lamartine a toujours cherché à élever le débat au plan des images et des idées, sans s'attaquer aux hommes. Quand, en 1841, le poète allemand Becker lança par défi sa chanson sur le *Rhin allemand*[1], Musset aussitôt opposa le même ton agressif du nationalisme étroit en écrivant sa réplique, qui fut bien accueillie du public français. Lamartine au même moment publia de son côté *La Marseillaise de la paix*, opposant à la chanson de guerre de Becker une offre généreuse de compréhension et de paix pour l'avenir des deux peuples[2]. Celle-ci parut belle, mais utopique, et ne fut guère comprise sur le moment. On dira qu'il fallait près d'un siècle et demi, et trois guerres, pour que les circonstances répondent à ces accents.

On peut remarquer surtout que Lamartine considère de si haut l'Histoire, qu'il néglige de s'arrêter aux passions du moment, gardant une confiance quasi mystique dans le progrès qui naîtra du renouvellement des idées dans l'incessant mouvement de l'humanité. *L'Ode sur les révolutions* en fournit un bon exemple dès 1831[3]. Cette hauteur de vue convenait à son rôle de

---

1. Voir texte complémentaire H.
2. Voir texte complémentaire I.
3. Voir texte complémentaire J.

poète, mais l'empêcha d'agir sur les événements en véritable homme d'action.

Les positions généreuses qu'il prit pendant sa carrière de député le rendirent populaire au point qu'il put faire proclamer la Seconde République le 24 février 1848, et participa au Gouvernement Provisoire. En un discours enflammé, il sut défendre le drapeau tricolore comme emblème de la patrie, le 25 février, face aux émeutiers qui voulaient lui substituer le drapeau rouge. Pendant quelques mois, il réussit à maintenir l'ordre par la persuasion, à force d'éloquence. Et quand eurent lieu les élections à l'Assemblée Constituante en avril 1848, Lamartine fut élu triomphalement dans dix départements. Pourtant quelques mois plus tard, aux élections pour l'Assemblée Législative prévue par la Constitution, il ne fut réélu que de justesse. Et c'est Louis Napoléon Bonaparte qui remporta l'élection présidentielle du 10 décembre 1848 au suffrage universel. La carrière politique de Lamartine prit fin lors du coup d'État du 2 décembre 1851.

Lamartine a témoigné dans sa poésie des grandes idées qu'il eût aimé mettre en application, mais qui restèrent en marge de son action politique. Malgré l'emportement de la *Réponse à Némésis*, sa poésie ne fut jamais une arme ; elle lui apportait plutôt la force de conviction, l'élan dont il avait besoin pour se lancer par ailleurs dans l'action politique. Il revenait à Victor Hugo de découvrir, dans la poésie, l'art d'entraîner les foules.

3. Victor Hugo et l'appel à la conscience.

On lit dans la Préface du recueil *Les Rayons et les Ombres*, datée de 1840, cette profession de foi de Victor Hugo :

> L'auteur pense que tout poète véritable, indépendamment des pensées qui lui viennent de son organisation propre et des pensées qui lui viennent de la vérité éternelle, doit contenir la somme des idées de son temps.

De ces trois parts de l'inspiration poétique, le premier poème du recueil, *Fonction du poète*, présente comme essentielle la troisième. Compris ou non de ses contemporains, le poète est celui qui voit la lumière encore cachée et l'explicite pour le commun des hommes :

> Peuples ! écoutez le poète !
> Écoutez le rêveur sacré !
> Dans votre nuit, sans lui complète,
> Lui seul a le front éclairé !

Dans cette conception du poète inspiré, Hugo rejoint Ronsard. Et s'il pense aussi à la gloire, il pense d'abord à ses devoirs immédiats, qui sont d'éclairer et d'appeler la foule à comprendre ce que le poète est encore seul à pressentir. Pour définir la fonction du poète, il lance un appel aux peuples. Et grâce au pouvoir entraînant de ses vers, dont il a le secret, on suit sa perpétuelle marche en avant, et les peuples suivent le poète vers la lumière.

Bien avant les *Châtiments*, cet inlassable pamphlet* contre « Napoléon-le-petit », bien avant l'exil et cette position de recul, propice au jugement et à la condamnation du tyran méprisé, Hugo avait dressé dans ses vers la statue grandiose de l'Empereur[1], dans son recueil *Les Orientales*. En 1840, tous les poèmes qu'Hugo avait déjà consacrés à Napoléon furent rassemblés sous le titre *Le Retour de l'Empereur* avec cette indication de l'éditeur : « Depuis douze ans, le génie et la popularité de M. Victor Hugo se sont étroitement associés à tous les mouvements de la pensée nationale. »

En 1853, quand parurent les *Châtiments*, les lecteurs, nourris de cette grandeur et de cet hommage rendu, se trouvaient pour ainsi dire préparés à suivre à nouveau le poète pour rapetisser d'autant plus et bafouer l'usurpateur de la gloire napoléonienne — ce qu'ils firent peu à peu.

Dans cette lutte ouverte entre un tyran tout-puissant et un poète absent, qui n'a comme moyen de lutte qu'un engagement poétique sans concession, la poésie engagée, par l'influence qu'elle exerce sur l'opinion, prend une forme nouvelle et pressante, qui va en renouveler totalement les manifestations tout au long du XXe siècle. S'engager, pour le poète, c'est convier le public à l'entendre afin de voir plus loin et plus haut.

4. En France après Victor Hugo

Gide et l'appel à une morale de vie

Quand Gide, ce prosateur si doué, recourut à la poésie dans *Les Nourritures terrestres* pour proclamer son désir de rupture avec son propre passé devenu factice, ainsi que l'effort d'évasion qu'il tentait pour la littérature et pour lui, aucun bouleversement ne l'y poussait en dehors de lui-même. Atteint de la tuberculose, il avait failli perdre la vie, et ses deux séjours de convalescence en Afrique du Nord lui apportèrent l'émerveillement de la beauté du monde et le bonheur de vivre, hors des entraves puritaines auxquelles il avait été contraint dans sa jeunesse. Une exaltation de liberté lui fit découvrir à la fois la nature et lui-même, dans le débordement d'une sincérité absolue à laquelle il fallait des interlocuteurs et des disciples. Il s'adresse ici à un disciple imaginaire, Nathanaël, à qui il

---

1. Voir texte complémentaire F.

dédie le livre, et de qui il façonne peu à peu la silhouette et l'esprit, pour l'envoyer finalement au loin suivre sa propre route et découvrir sa propre manière de vivre. À Nathanaël il propose les leçons de Ménalque, ce maître, imaginaire également, dont Gide répercute les aphorismes* définissant les devoirs de l'homme qui se veut libre. Comme dans les *Bucoliques* de Virgile, il anime le dialogue avec des bergers et d'autres amis de Ménalque, nourris des mêmes leçons, qui se croisent et se quittent à la recherche de leurs propres expériences — voix passagères issues de l'imagination du poète.

Ce besoin de dialogue avec un public, cette explosion de joie d'une voix qui veut se faire entendre, situent Gide dans le prolongement de Victor Hugo attribuant à la poésie engagée sa double fonction de témoignage et d'appel, par rupture avec ce qu'elle refuse.

Engagement de Gide à la recherche d'une morale susceptible de guider l'être humain au bonheur par la lucidité, le recueil des *Nourritures terrestres* passa assez inaperçu en 1897. Dans la Préface de la réédition de 1827, Gide se flatte d'avoir lui-même quitté son livre comme il avait invité Nathanaël à le faire. Pourtant il met en garde ses lecteurs contre l'erreur d'une interprétation superficielle qui en ferait « une glorification du désir et des instincts ». Car ce livre en fait a exercé une influence de libération sur les esprits, influence qui a grandi avec le temps, au point qu'en 1935 Gide lui adjoignait *Les Nouvelles nourritures*, au moment où lui-même allait se tourner vers des engagements plus nettement politiques : anticolonialisme, communisme — engagements provisoires qui furent seulement des mises à l'essai. Car il fut l'homme des questions posées et des voies ouvertes : au renouvellement de la littérature, par la fondation de la N.R.F., au renouvellement du roman, par tant de récits divers aboutissant à la technique transformée des *Faux-Monnayeurs*, à la pensée neuve d'un humanisme revivifié dont *Les Nourritures terrestres* posent les points d'appui.

> Que mon livre t'enseigne à t'intéresser plus à toi qu'à lui-même, — puis à tout le reste plus qu'à toi.

Ce retour au monde pour l'épanouissement du bonheur de chacun parmi les autres a été la première leçon offerte par un siècle, qui devait fournir bien d'autres formes d'engagement par la poésie.

La *Ronde pour adorer ce que j'ai brûlé*[1] pourrait produire une impression trompeuse, si on se bornait au conseil qu'elle exprime de brûler tous les livres. Car le poète les adore autant qu'il s'en défie — ou plutôt il les adore assez, il en est assez pénétré pour savoir se dégager d'eux, dans la mesure où il s'est découvert par eux. Comme Montaigne écrivant dans sa « librairie », tantôt annotant, tantôt citant de mémoire ses auteurs familiers, et dialoguant avec tous, Gide ici se jette dans une ronde émue et émouvante de ses souvenirs et de ses jugements de jeunesse. Avec cette familiarité du lecteur habitué qui pense tantôt au format ou à la présentation, tantôt au contenu, tantôt aux circonstances de la lecture, tantôt à l'accablante multiplication des sujets traités, des idées qui se heurtent, des langages oubliés..., il retrouve le bonheur, mais aussi la lassitude d'errer parmi tant et tant de livres, indéfiniment. Et l'ironie perce à travers l'enthousiasme, l'énumération se fait critique, et la ferveur devient celle d'un esprit qui se libère et refuse les idées toutes faites. Brûlant ainsi les livres à la flamme de son refus, l'esprit y trouve comme un tremplin d'où rebondit la joie de lire, en revivant pour les surmonter les jugements qui l'aideront à choisir les meilleurs :

> Il y en a que l'on chérit comme des frères
> Plus purs et qui ont vécu mieux que nous.

Ainsi peut-il adorer ce qu'il a brûlé, et introduire en esprit libre ses lectures dans son art de vivre. La vie figée dans les pages écrites deviendrait facilement chose morte. Mais en contre-partie, comment s'étonner de tout, si l'on n'a, par devers soi, de quoi se référer à rien ? Comment juger de la nouveauté d'un spectacle ou d'une sensation, si on ne les réfléchit parmi d'autres ?

Il faut donc adorer les livres, et les critiquer, et les retrouver pour enfin les quitter, comme Nathanaël sera invité, dans l'*Envoi*[2], à quitter le poète qui l'a éduqué et à chercher, hors du livre refermé, la vérité qui l'aidera à vivre. La leçon est précieuse pour mettre en garde tous ceux qui croient qu'il suffit de ne rien savoir pour s'affirmer soi-même. Ce que cherche le poète au contraire, c'est à découvrir dans sa liberté une morale qui donne à ses actes leur cohérence et leur valeur humaine. Le Livre I commence sur une incertitude :

> Tout choix est effrayant, quand on y songe : effrayante une liberté que ne guide plus un devoir.

---

1. Voir texte canonique V.
2. Voir texte complémentaire K.

Mais en chacun l'esprit veille parmi les apparences, et cherche ce qui peut les éclairer :

> Et tu seras pareil, Nathanaël, à qui suivrait pour se guider une lumière que lui-même tiendrait en sa main.

Ainsi « la saveur de nouveauté » sera ressentie comme une récompense, et comme l'élément d'une expérience dans l'effort de lucidité que propose en exemple le poète.

> Ainsi je vécus dans une presque perpétuelle stupéfaction passionnée.

L'indifférence serait une sorte de mort ; la « ferveur » au contraire, quels que soient les paysages, les climats, les rencontres, les sensations, nous offre l'occasion d'atteindre à la vérité et de donner du prix à l'instant. Tout en un sens procède d'une recherche du bonheur :

> Mais tu comprendras que ce n'est qu'avec beaucoup de joie qu'un peu de droit à la pensée s'achète. L'homme qui se dit heureux et qui pense, celui-là sera appelé vraiment fort.

De l'exaltation du bonheur à l'assurance de la pensée, à chacun de frayer son chemin !

Péguy et l'engagement patriotique et religieux

Contemporain de Gide puisqu'il était né quatre ans après celui-ci, Péguy choisit une forme d'engagement plus militante et plus exclusive. Son œuvre se confond avec sa vie, tragiquement interrompue par la guerre à l'âge de quarante et un ans. Dès ses études à l'École Normale Supérieure, il est révolté par l'injuste condamnation du capitaine Dreyfus, et veut défendre la justice en rejoignant les socialistes et en luttant avec eux pour la révision du procès. Il s'engage ainsi pour l'honneur de la France. Dès 1897 (l'année où paraissent *Les Nourritures terrestres*), il découvre sa vocation de poète en écrivant un drame en vers sur *Jeanne d'Arc*, où il élève à une sorte de mystique ses convictions socialistes, associées à l'amour de son pays. Cet engagement socialiste ne sera que passager, mais va le conduire à renoncer à l'enseignement et à se lancer dès la fin de ses études dans la carrière d'écrivain.

En 1900, il fonde *Les Cahiers de la Quinzaine*, pour y défendre ses idées sans s'inféoder aux compromis de la vie politique. Ouvrant sa revue à des articles et à des œuvres de tendances très diverses, il en fait un centre de réflexions riches et variées, où domine l'attention portée sur les risques de guerre, dont il sent monter la menace. Le patriotisme et la réflexion sur la guerre deviennent les préoccupations constantes d'un engagement passionné ; et tandis qu'il s'alarme sur la menace d'une invasion allemande, il cherche à surmonter ses inquiétudes par la conscience de l'honneur et la confrontation des plus hauts représentants de la culture française, Corneille et Hugo, dans *Victor-Marie Comte Hugo* (1910), puis dans *Note conjointe sur Descartes et la philosophie cartésienne*, où il revient sur la poésie cornélienne, ouvrage qui reste inachevé en 1914.

À partir de 1908, le retour à la foi catholique de son enfance double son engagement patriotique d'une fidélité religieuse, qui trouve des accents mystiques. C'est alors qu'il revient à la poésie par des *Mystères* écrits en versets (*Le Mystère de la charité de Jeanne d'Arc*, en 1911), puis par les *Tapisseries* en vers réguliers, dont *Ève*, terminée en décembre 1913, fut la dernière publiée.

« Jésus parle ». Et c'est d'Ève qu'il parle, et c'est à elle qu'il s'adressera jusqu'au bout, évoquant d'abord le printemps du monde et l'aurore de l'esprit, inséparablement liés dans les campagnes riches et abondantes où lumière et bonté ne faisaient qu'un.

> Vous n'avez plus connu ce manteau de bonheur
> Jeté sur tout un monde et de béatitude
> Et ce fleuve et ce flot et cette plénitude
> Et ce consentement aux règles de l'honneur.

Étonnamment et comme naturellement, une harmonie se fait entre les qualités de l'esprit qui s'émerveille et la beauté du monde.

L'homme a beaucoup appris, mais il a tout perdu, depuis qu'il a quitté le premier jardin et oublié la fidélité première. Ève aura été, dans la suite des temps jusqu'à nous, la spectatrice impuissante et muette de ce passage, de cette chute de la bonté première aux malheurs et aux faiblesses des humains — d'où peuvent résulter à jamais tant de maux, tant de larmes, tant de guerres...

Le passage retenu se situe métaphoriquement[1] entre Paradis et Jugement Dernier, si présents dans tant d'arts et tant de grandes œuvres, à l'instant même de l'abandon presque irrémédiable où la Femme et la Mère, secourable à tout pardonner et laisser faire, devient l'image d'un recours en quoi l'homme aurait foi ; car elle représente, encore et toujours, la décence face au vice et la clémence éternellement opposée à la haine et à l'inhumanité. Et pourtant on peut la considérer comme coupable d'indifférence, quand elle laisse agir et sauve les apparences. Un peu plus

---

1. Voir texte canonique VI.

loin, Péguy conclut ce mouvement par un regret qui sonne comme une condamnation :

> Quand l'effet est passé, vous ramassez la cause.
> Vous ramassez l'honneur après qu'il est flétri.
> Vous rangez le bonheur après qu'il a péri.
> Vous mettez le tilleul avec la passe-rose.

Plus rien n'est important, tout devient égal et lisse au regard, et les pires choses s'enchaînent dans le secret des consciences. Comme d'Aubigné, Péguy dresse le tableau du Jugement Dernier pour faire mesurer — trop tard — le désespoir qui attend les hommes, pour avoir livré au déshonneur, à l'avidité, aux intérêts et aux bassesses de tous ordres le monde radieux qui leur était promis et le bonheur innocent qu'annonçait l'enfant d'homme en sa crèche, veillé par le bœuf et l'âne :

> Et ces hommes du peuple et ces représentants
> Du haut de leur grandeur pesaient ce petit frère [...]

Ainsi, par une série d'images symboliques, Péguy parvient, à partir de la poésie biblique, à mettre en jugement et pour ainsi dire en transparence la société de son temps.

Depuis la nuit des temps, guerre après guerre, désastre après désastre, Ève est devenue et semble ici à Péguy la *Pietà* du sculpteur et du croyant, émouvant réceptacle de tous ses enfants morts... Et le poète, emporté dans sa grande litanie* de désolation, laisse en lui parler le croyant au service de l'homme, quand il salue le courage de ces guerriers, tantôt gamins des rues et tantôt vétérans, victimes désormais de conflits qui déshonorent les hommes. Son salut solennel, et comme éternel, à ceux qui sont morts pour la patrie[1] n'est ni un éloge de la guerre et de ses vertus, ni un pardon au pire des désastres. Il est cet appel à la pitié de Dieu qui, en en revenant aux devoirs de l'homme, est avant tout un appel à la fraternité que méritent ces morts. Cette fraternité, cette constance de l'humanité en l'homme, que représente à jamais l'Ève évoquée par Péguy, semble le seul recours contre les hécatombes.

Les héros qui se sont battus pour leur terre originelle et pour leurs parents méritent le respect. Mais la folie des hommes qui se réduisent aux moyens de violence et de cruauté est inexcusable. Et le poète, en cet automne 1913, s'en remet à ce départ qu'il prévoit de tant d'hommes de chez nous vers la mort, sous la houlette de deux Saintes dont il retrace, prophète récitant l'avenir de ce passé, l'affreuse opposition dans le destin qui leur

---

1. Voir texte complémentaire L.

était réservé par les hommes. Car l'une périt vénérée à la fin de son âge, et l'autre brûlée vive à 19 ans

> au milieu d'un implacable espace
> Gardé par la terreur et le gouvernement.

L'œuvre de Péguy ne fut qu'engagement. Sa puissance d'émouvoir, son attachement au monde et aux hommes, son opiniâtreté à défendre l'honneur et la vie, l'influence largement répandue des *Cahiers de la Quinzaine*, n'ont pas modifié les événements. Et il est mort parmi les premiers dans cette Première Guerre mondiale qui a fait tant de victimes en quatre ans. Mais son œuvre demeure, et continue à donner à réfléchir, sur les pas de Victor Hugo, ce grand devancier qu'il admirait tant, et dans cette succession des poètes engagés qui appellent l'homme à dominer son destin.

Aragon et la Résistance par la poésie engagée

La défaite de 1940 provoqua de profondes remises en question pour les poètes, face à des circonstances où journellement la vie de l'homme se trouvait mise en danger, sa dignité bafouée, sa liberté niée. Dans son grand ouvrage *La Résistance et ses poètes* (1974), Pierre Seghers signale, comme premier effet de choc de l'événement, le regroupement des poètes :

> Le poète, homme de réflexion, c'est-à-dire en qui le monde se réfléchit, est solitaire pour mieux écouter en lui, pour mieux entendre. Et il est solidaire parce qu'il entend en lui-même, avec ses propres échos réveillés et répercutés, ceux de tous les autres, leurs silences et leurs secrets, leurs vies qui le traversent.

On reconnaît la position adoptée au siècle précédent par Victor Hugo. Et on constate que les poètes prennent leur assurance en se situant dans une lignée. Quand, en 1939, P. Seghers a fondé une revue pour les poètes aux armées sous le titre *Poètes casqués*, ou *P.C.39*, c'est à Péguy qu'il a dédié le premier numéro.

Or un renversement s'est instauré dans ce siècle, marqué, on l'a vu, par un besoin de dialogue et d'audience :

> [...] le poète plus que jamais est non l'inspiré, mais celui qui inspire [...]

C'est ainsi qu'Aragon, fondateur du surréalisme avec André Breton, ne se limita pas à ce mouvement poétique, mais sut mettre sa poésie à la hauteur de l'événement quand la gravité de l'événement requérait du poète qu'il s'exprime humainement, pour des hommes.

> Refuser la poésie de circonstance, écrit-il, c'est refuser aux poètes le droit à l'existence [...] c'est leur refuser l'honneur des poètes qui est d'être des hommes.

Pour justifier ce consentement du poète engagé à la poésie de circonstance (que d'aucuns, tel B. Péret, trop superficiellement, jugeaient avec mépris), Aragon invoque l'exemple de Hugo et Rimbaud, poètes de la révolte et de la protestation, et même remonte à Ronsard mettant en garde le poète « surtout d'être plus versificateur que poète », c'est-à-dire de chercher dans la poésie un ornement ou un divertissement sur quelques sujets réservés. Tout le champ du réel est ouvert au poète digne de ce nom. Et toute poésie authentique s'ouvrira aux circonstances graves qui mettent en jeu la colère, ou l'espoir, ou la vie et la mort, l'amour, la patrie, la liberté...

Aragon donc rejoignit la Résistance et se servit de la poésie comme d'une prise de conscience et d'une arme contre l'esclavage imposé à la nation. Il fallait réveiller les lecteurs, et les entraîner à la pitié, à la colère et à l'action. Ce faisant, il n'agissait pas seul. Les revues poétiques se sont multipliées pendant les années d'occupation, avec une diffusion de plus en plus vaste ; des éditeurs en Suisse, à Alger, les ont épaulées et complétées ; les poètes prisonniers, les poètes déportés ont pu les recevoir et parfois y collaborer. Les poèmes de la Résistance ont fait « le tour du monde libre », reproduits et parachutés parfois en même temps que les armements.

Aragon écrivit *La Rose et le réséda* en 1942[1] ; le poème fut aussitôt publié à Marseille dans le journal *Le Mot d'ordre* dirigé par L.O. Frossard. Sa forme dense et imagée dissimula pour la censure les allusions politiques.

À la gloire des « rebelles », de leur abnégation, de leur fraternité, de leur sacrifice à la patrie, le poème sautille en vers de sept syllabes comme au rythme incertain de ces vies inachevées, tragiquement abrégées. Aragon l'appelle « chanson » : chant d'amour plutôt que de haine, il aboutit à l'exaltation symbolique de cette course à l'héroïsme où se relaient les braves :

> L'un court et l'autre a des ailes
> De Bretagne ou du Jura

ainsi qu'à un envol vers l'harmonie universelle, pour que renaisse la vie et que chantent à nouveau les hommes :

> Et framboise ou mirabelle
> Le grillon rechantera

Ainsi s'unissent les chants, les voix, les âmes et les parfums dans la fraternité sauvée :

---

1. Voir texte canonique VII.

> Dites flûte ou violoncelle
> Le double amour qui brûla
> L'alouette et l'hirondelle
> La rose et le réséda.

Contrainte à dissimuler son sujet et ses intentions, pour que la parution n'en soit pas interdite, la poésie est amenée à choisir images et symboles de l'essentiel en les rendant pourtant intelligibles à tous. Elle désigne et enrobe à la fois, raconte et estompe, plaint et condamne, chérit et réprouve, admire et pleure,

> [...] et qui vivra verra

Elle se trouve « investie de la fonction de décharger pour une part l'âme du peuple », comme l'écrit le poète Pierre-Jean Jouve dans sa préface au poème de Pierre Emmanuel, *Colombe*, publié à Fribourg le 24 décembre 1942. Et il définit ce que ne peut pas être une poésie engagée :

> « Il faut donc s'inscrire encore une fois contre une poésie simplement civique, retraçant l'événement brut et la passion politique, et destinée à « servir » [...] La Poésie ne servira jamais que par la profondeur et la multiplicité de ses intentions. Oui, les temps de la tour d'ivoire, les temps de la facilité et du parasitisme sont révolus. Les temps de la « garde nationale » en poésie ne doivent non plus jamais revenir. Les temps de la liberté s'annoncent, dans lesquels les valeurs multiples de l'Homme devront revivre. »

On trouve l'expression de ces « valeurs multiples » et de cet espoir de liberté dans les poèmes cités en textes complémentaires :

M : *Paris* de Supervielle (publié en Suisse en 1942 dans le recueil « *Poèmes de la France malheureuse* » dont l'auteur ne pouvait quitter l'Uruguay depuis 1939).

N : *Bretagne* de Guillevic (publié en 1945).

O : *La Liberté* de René Char, qui dirigea un groupe de maquisards dans les Basses-Alpes (Section Atterrissage Parachutage) dès 1941. Pendant la période de son engagement dans les combats, René Char (devenu le Capitaine Alexandre) se refusa à publier quoi que ce soit, se donnant tout à sa responsabilité, face à la mort qui pouvait l'atteindre à tout instant. *Liberté* ne parut qu'en 1945 dans le recueil *Fureur et mystère*, où figurent également les *Feuillets d'Hypnos*, notes de rencontre rédigées au jour le jour pendant ce long silence « littéraire ».

Qu'a donc représenté, en ces temps de malheur et de cruauté, la poésie engagée ? Un acte de liberté, d'abord ; l'exaltation des valeurs nationales était un sursaut contre tout ce qui les niait, contre le découragement et contre la peur. Un effort de se situer dans les traces des grands devanciers qui avaient appelé la poésie à témoigner de l'indignité de leurs souffrances et des injustices commises. Un appel à l'action. Et surtout un lien entre les hommes soumis aux mêmes dangers, un lien entre les poètes qui s'éclairaient mutuellement dans un refus commun, enfin un lien entre les poètes et leurs lecteurs, unis dans la même pitié, la même attente, le même espoir.

Elle fut, selon la formule de P. Seghers, la poésie « de l'homme en danger de mort ».

Prévert et l'appel au bonheur d'être libre

La poésie engagée s'accommode aussi des propos familiers et de la simplicité de la chanson. Dans la lignée des poètes ici rencontrés, aucun n'a été plus proche de son public que Prévert quand il publia *Paroles* en 1945. Le poème qu'il a placé en tête de son recueil, *Tentative de description d'un dîner de têtes à Paris-France*, commence par un hémistiche de Victor Hugo :

> Ceux qui pieusement [...]

Hommage assurément, mais signe de connivence et début d'une énumération de parodie pour entraîner le lecteur, figé dans ses habitudes de langage et de mise en rang, dans une joyeuse ronde d'absurdité et d'irrespect.

Comme Hugo maîtrisait une verve poétique intarissable, dont certains vers se gravent indéfiniment dans les mémoires, Prévert naturellement se joue des formules figées, entremêle comme au hasard attributs, compléments ou verbes, se livre volontairement à des méprises de mots, pour que de l'absurdité apparente résulte un regard neuf, et souvent un éveil du jugement.

Car cette fantaisie recouvre toute une cohérence d'attitudes sous-jacentes, par lesquelles le poète s'engage dans la défense des humbles — toujours victimes des puissances, comme eût dit La Fontaine —, dans la recherche de leur liberté parmi les entraves établies au fil de l'existence quotidienne, dans l'exaltation d'un bonheur tout simple, qui récompense les sentiments vrais et leur épanouissement naturel. Dans cette sympathie populaire au langage irrespectueux, aux nuances volontiers libertaires et anarchisantes, la révolte est toute prête, mais dans un sourire et sur l'arrière-plan naturel d'une joie de vivre, plus forte que tout. Prévert sait être sévère, mais il s'efforce surtout de nous convier à être heureux. Si Gavroche eût vécu et fût devenu poète, il aurait eu cette insolence d'une chanson de Prévert.

Le symbole de l'oiseau plaît à cet esprit libre et rieur, qui y transpose à la fois ce qu'il aime et ce qu'il déteste, selon les surprises du regard changeant qu'il porte tour à tour sur toutes choses autour de lui[1]. *Salut à l'oiseau* est un long poème de confidence et de confiance, situé comme une signature vers la fin du recueil, et destiné à livrer en raccourci comme une somme de l'expérience du poète, qui l'offre à l'oiseau en lui disant pour conclure :

> afin que tu renaisses
> quand je serai mort
> des cendres de celui qui était ton ami.

Tout le poème, en vers libres et sans ponctuation comme les autres poèmes du recueil, est rythmé sur la reprise du vers « Je te salue », qui toujours débute par une majuscule, introduisant une nouvelle phrase et un nouveau registre de souvenirs ou d'observations, qui enchantent ou horrifient le narrateur. Rêverie d'enfance d'abord, donnant à l'oiseau une qualité issue d'un jeu de mots :

> geai d'eau d'un noir de jais

et qui va se dissiper aussitôt en mainte métamorphose au gré des sonorités qui se présentent :

> oiseau des fées
> oiseau du feu oiseau des rues

Il n'est plus qu'un oiseau indistinct, mais porte un qualificatif qui lui revient comme un refrain dans le poème : « oiseau marrant ». Le langage familier et le style parlé portent le poète à la confidence. Et l'oiseau est d'abord associé à ce qu'il connaît de meilleur : « oiseau du bonheur naturel ». Mais le rire du bonheur se transforme en humour et en dérision, quand le regard dérive du bel oiseau aux oiseaux de malheur ou d'ennui ou de sottise ou de méchanceté, à tous les oiseaux de mauvais augure :

> les croassants oiseaux de la morale
> les pauvres échassiers humains
> et inhumains [...]

Autres rencontres de langage, autres images figées qui font caricature, autres formules, autres refus... L'oiseau peut être la meilleure et la pire des choses, selon ce que font de lui les humains. Il fait partie de tous nos décors, de tous nos métiers, de nos défauts et de nos qualités, selon les

---

1. Voir texte canonique VIII.

manies du langage et l'imprévu des mots. Mais au cœur du poète, il chante la sympathie pour tout ce qui est en vie, et qui se tient à sa place pour accueillir ce salut.

Quand Prévert met ainsi en parallèle le bonheur de ceux qui rêvent et se contentent de suivre l'oiseau, et les dangers à craindre de ceux qui contraignent et transforment l'oiseau — et finalement, qui n'a pas son propre oiseau, à l'horizon de ses pensées ? — il le fait, « oiseau fraternel », dans un mouvement de large sympathie, pour éveiller en chacun l'attente du bonheur de tous. C'est la liberté de ce choix qu'il défend sans relâche, attentif au bonheur de l'individu, attendri par ses manifestations les plus spontanées et les plus populaires, mais âpre et mordant sur tout ce qui, dans le tissu social, attente à cette liberté plus précieuse que tout[1].

Un poème comme *Familiale* nous montre que le scandale de la guerre et des vies sacrifiées a traversé son œuvre, et que ce poète sait porter condamnation directement, sans sourire de connivence, quand son sujet l'y amène.

Car la poésie engagée a pour rôle primordial l'éveil des consciences, au-delà de la résignation ou seulement de l'habitude.

---

1. Voir texte complémentaire P.

CARACTÈRES GÉNÉRAUX DE LA POÉSIE ENGAGÉE

DES SUJETS PORTEURS

Du XVIe au XXe siècle, la poésie engagée se présente comme poésie de circonstance. Les poètes décident de prendre position pour témoigner des souffrances infligées et des injustices exercées autour d'eux, ou pour exhorter les princes ou les puissants au nom d'un idéal d'humanité, comme l'ont fait Ronsard et d'Aubigné.

Ou bien ils passent de la rêverie poétique à l'action politique, comme l'ont fait diversement Chénier, Lamartine et Hugo. Ou bien ils essaient d'éveiller leurs lecteurs et de les entraîner à réagir activement, sur le plan moral ou sur le plan social, comme les poètes du XXe siècle se sont particulièrement attachés à le faire. Dans tous les cas, à l'appel d'une circonstance donnée, en réponse à telle menace de la force, à tel excès d'un pouvoir religieux, moral ou politique, la poésie a pour objet de répondre aux plus hautes préoccupations : la guerre et la paix, la tyrannie et la liberté, l'oppression et la fraternité, le sacrifice des uns pour le bonheur des autres...

S'il y a eu place, assurément, pour des attaques personnelles et des intérêts particuliers, c'est dans les aspects mineurs où se fourvoient des versificateurs, qui tombent dans l'oubli. Mais chez les grands poètes s'est dessinée une convergence d'ensemble pour mettre la poésie au service de l'homme, ou des causes qui respectent l'homme, dans une recherche d'approfondissement des pouvoirs de la poésie au service de l'esprit.

UNE GRANDE VARIÉTÉ DE FORMES ET DE TONS

Pour ces poètes qui, tous, dans le reste de leur carrière, ont fait la preuve de leur savoir-faire et de leurs capacités d'invention, le renouvellement concerne généralement l'intention et le contenu, dans les formes d'expression qui ont porté par ailleurs leur inspiration. Face à l'urgence de faits dramatiques, le poète change de registre plutôt que de modalité d'expression ; il se sent tenu d'alerter ses lecteurs au plus vite, de faire gronder la menace et parler le désespoir, pour que s'établisse instantanément la communication par le langage qu'ils connaissent et dont ils pourront sentir la force redoublée.

Ainsi Ronsard retrouve-t-il tout naturellement l'alexandrin oratoire avec alternance des rimes, dont il a lui-même introduit l'usage, et déjà expérimenté les possibilités dans ses *Hymnes*. Son éloquence s'appuie sur des tableaux symboliques de discorde, dans un pays qui n'entend plus la raison. D'Aubigné recourt également à l'éloquence en alexandrins, mais parle au cœur de ses lecteurs par des tableaux réels d'événements précis, dont la description s'élargit en vision scandaleuse. Quant aux strophes lyriques de Lamartine, elles portent aussi de grands mouvements d'éloquence, empruntant leurs symboles à la civilisation romaine, et plaçant le poète à la tribune aux harangues* (« au rostre ensanglanté ») pour défendre la liberté. Les quatrains d'alexandrins de Péguy, avec leurs reprises si particulières qui dessinent de longs mouvements de pensées, de regrets et d'exhortations, ne sont pas non plus sans relever d'une éloquence qui emmène le lecteur par la litanie* et le réveille par la formule.

À l'opposé des grands emportements de l'éloquence, la ronde fervente en vers libres de Gide, la chanson d'attaque en heptasyllabes* réguliers d'Aragon, le salut à l'oiseau, en vers libres si curieusement morcelés par Prévert, retiennent autrement le lecteur, par l'imprévu de leur course aventureuse ou tragique.

Art d'émouvoir et de persuader comme l'éloquence, ou art de rupture et de surprise selon la poétique moderne, la poésie engagée fait souvent appel à la satire, qui tourne en ridicule ce qu'elle condamne. La satire se fait indirecte, mais porte d'autant plus profond quand elle prend la forme de l'ironie — qui s'entrelace à l'enthousiasme indissociablement dans la *Ronde* de Gide. Prévert enveloppe la satire dans l'humour ou l'absurdité de ses énumérations ; car le surréalisme est passé par là, et chaque poète porte la marque de son temps et de son humeur particulière.

Non moins mordante dans la poésie d'Aragon, la satire de l'occupant, enrobée de symboles et seulement transparente en allusions, quand elle suggère la cruauté et le mépris de toute humanité, rejoint la violence de l'invective*. Car la poésie engagée prend facilement le ton injurieux. Le poète qui s'engage ne réprouve pas à moitié. Et la violence des circonstances rejaillit tout naturellement sur la violence du style. Chénier, tout à l'indignation de son patriotisme bafoué, emprunte aux Grecs la forme pure de l'invective*, à laquelle il a soumis la versification française dans ses *Iambes*.

La poésie engagée admet aussi bien la hauteur ou la solennité d'un *Discours* adressé au roi, que la familiarité cocasse ou sarcastique* du poète qui dénonce les dangers sociaux menaçant le peuple. L'emportement de la colère y a sa place, comme la ferveur d'un idéal, le refus de l'injustice aussi bien que l'exhortation au bonheur. Le lyrisme est dominant, mais s'appuie sur la satire et se hausse à l'invective, fidèlement à une lignée poétique qui remonte à l'antiquité, et qui continue à se transmettre.

PROLONGEMENTS EN MUSIQUE

L'exemple de Prévert, et des chansons tirées de ses poèmes sur la musique de J. Kosma, se situe dans un contexte contemporain où la chanson engagée s'est taillé une importance qu'il ne faut pas omettre de considérer. Avant la guerre, c'est dans des cabarets (comme celui d'Agnès Capri) qu'étaient présentés au public des poèmes mis en musique de Prévert ou d'Aragon. Après la guerre, c'est à Saint-Germain-des-Prés que Boris Vian ou Raymond Queneau se font connaître. Leur popularité élargit le public et pousse la chanson vers l'anticonformisme et la caricature des maux dont on rend responsable la société.

Comme *Barbara* de Prévert, *Le Déserteur* de Boris Vian touche au cœur un vaste public, que la poésie seule aurait peut-être intimidé ou tenu à distance. Comme l'écrit Queneau :

> La chanson a pénétré dans toutes les couches sociales. Elle a ses lettres de noblesse et une portée sociale évidentes. Elle fait partie de notre vie quotidienne.

C'est ainsi que depuis 1945 des générations successives d'interprètes de talent ont fait connaître au public soit des poèmes, mis en musique, de poètes antérieurs comme Hugo et Villon (chantés par Georges Brassens), Baudelaire et Rimbaud (chantés par Léo Ferré), soit des chansons, qu'ils composaient parfois eux-mêmes, et qui s'inspiraient de leur propre engagement politique ou social. On peut citer entre autres, dans les années cinquante, Yves Montand ou Juliette Gréco ; après 1955 Georges Brassens ou Léo Ferré, le canadien Félix Leclerc ; puis Jacques Brel, d'origine belge, et dont la carrière fut brillante jusqu'en 1966, Guy Béart, Barbara, Charles Aznavour...

Dans le prolongement des poètes engagés, ils portent sur leur temps un regard lucide et des jugements amers ou ironiques, portés selon des élans lyriques qui donnent parfois à leurs chansons la densité d'une poésie qui se suffit à elle-même.

FONCTIONS DU POÈTE

Ce prolongement de la poésie engagée dans la chanson éclaire le rapport particulier du public avec ces poètes comme avec ces chanteurs. L'artiste communique avec son public par le ton, le regard, autant que par la tendresse ou l'insolence de ses paroles, dans l'engagement qu'il fait de tout son être pour une certaine expression de la lutte, ou de la pensée. Entre lui et son public se crée, poétiquement, un univers commun qui n'existe que par le langage, et dont l'artiste assume la responsabilité, garantit l'expression, s'engage, par la seule force de sa voix, à porter la signification de refus et de vérité. Dans la tourmente de la guerre et parmi les pires violences ou les plus noires humiliations que provoqua l'occupation, des poètes se voulurent libres et surent créer par leurs cris, leurs complaintes ou leurs chants, un lien de liberté entre tous les hommes. Certains d'entre eux y laissèrent la vie : Chénier, présent dans ce recueil, mais aussi tant d'autres comme Saint-Pol Roux, dès 1940, ou en 1944 Max Jacob, Benjamin Fondane, Jean Prévost, en 1945 Robert Desnos,... Tous tenaient à laisser leur marque, à témoigner qu'ils étaient passés par la tragédie et l'horreur, et à transmettre le relais à ceux qui les suivraient et qui ne manqueraient pas de s'associer à leur sacrifice, pour qu'enfin puisse exister un monde meilleur et fraternel à l'homme.

Ces fonctions de liaison, de témoignage et d'appel se complètent par ce pouvoir stupéfiant que peut prendre la poésie, quand elle devient pour ainsi dire une arme, et qu'elle entraîne en masse l'opinion et les foules. Ce fut l'espoir de Victor Hugo. C'est le pouvoir du chant.

EN GUISE DE CONCLUSION...

La poésie engagée atteint-elle à la dignité ou aux possibilités des autres genres poétiques ? Ce parcours du XVIe au XXe siècle, avec ses racines antiques et ses prolongements actuels, a montré sa diversité et ses capacités de continuelle création. À de certains moments, les poètes choisissent de se mettre à l'écoute du réel pour y confronter l'humain ; et ils le font pour répondre à une très haute exigence de leur art, qui est d'exprimer pour les autres ce que les autres ne savent pas ou ne peuvent pas dire par eux-mêmes. Dans cet engagement sans réserve, leur témoignage et leur conviction méritent le respect des lecteurs ; leur œuvre en sort agrandie. L'engagement procède du courage de l'artiste et porte témoignage du pouvoir qu'a la grandeur de caractère pour assurer la grandeur de l'œuvre.

TEXTES COMPLÉMENTAIRES

A- Ronsard : *Remontrance au peuple de France* - v. 721 à 734
(conseils au Prince, pour le bien de son peuple)

Ha Prince, c'est assez, c'est assez guerroyé ;
Votre frère avant l'âge au sépulcre envoyé,
Les plaies dont la France est sous vous affligée,
Et les mains des larrons dont elle est saccagée,
Les lois et le pays si riche et si puissant,
Depuis douze cents ans aux armes fleurissant,
L'extrême cruauté des meurtres et des flammes,
La mort des jouvenceaux, la complainte des femmes,
Et le cri des vieillards qui tiennent embrassés
En leurs tremblantes mains leurs enfants trépassés,
Et du peuple mangé les soupirs et les larmes
Vous devraient émouvoir à mettre bas les armes ;
Ou bien, s'il ne vous plaît selon droit et raison
Désarmer votre force, oyez mon oraison.

B- D'Aubigné : *Les Tragiques* - **Livre II** *Princes* - v. 487 à 498
(le tyran et le roi)

La ruine et l'amour sont les marques à quoi
On peut connaître à l'œil le tyran et le Roi :
L'un débrise les murs et les lois de ses villes,
Et l'autre à conquérir met les armes civiles ;
L'un cruel, l'autre doux, gouvernent leurs sujets
En valets par la guerre, en enfants par la paix ;
L'un veut être haï pourvu qu'il donne crainte,
L'autre se fait aimer et veut la peur éteinte ;
Le bon chasse les loups, l'autre est loup du troupeau ;
Le Roi veut la toison, l'autre cherche la peau ;
Le Roi fait que la paix du peuple le bénie,
Mais le peuple en ses vœux maudit la tyrannie.

C- Régnier : *Satire IV* - v. 28 à 60
(caricatures du poète, qui reste pauvre, et du médecin, qui s'enrichit)

Or, laissons donc la Muse, Apollon et ses vers,
Laissons le luth, la lyre et ces outils divers,
Dont Apollon nous flatte : ingrate frénésie[1],
Puisque pauvre et quémande[2] on voit la poésie,
Où j'ai par tant de nuits mon travail occupé.
Mais quoi ? Je te pardonne[3], et, si tu m'as trompé,
La honte en soit au siècle où, vivant d'âge en âge,
Mon exemple rendra quelque autre esprit plus sage.
Mais pour moi, mon ami, je suis fort mal payé
D'avoir suivi cet art. Si j'eusse étudié,
Jeune, laborieux, sur un banc, à l'école,
Galien[4], Hippocrate[5], ou Jason, ou Bartole[6],
Une cornette[7] au col, debout dans un parquet[8]
À tort et à travers je vendrais mon caquet ;
Ou bien, tâtant le pouls, le ventre et la poitrine,
J'aurais un beau teston[9] pour juger d'une urine,
Et, me prenant au nez, loucher dans un bassin
Des ragoûts qu'un malade offre à son médecin,
En dire mon avis, former une ordonnance,
D'un réchappe s'il peut, puis d'une révérence
Contrefaire l'honnête, et quand viendrait au point[10],
Dire en serrant la main : « Dame, il n'en fallait point[11] » !

- (1) *frénésie* : folie.
- (2) *quémande* : mendiante
- (3) *je te pardonne* : le poète s'adresse à la Muse.
- (4) *Galien* : (131-200 ap. J.-C.) médecin de l'empereur Marc Aurèle, à Rome.
- (5) *Hippocrate de Cos* : (460-380 av. J.-C.) le plus célèbre médecin de l'antiquité.
- (6) *Jason* (1435-1519) et *Bartole* (1314-1457) : jurisconsultes.
- (7) *cornette* : bande de soie que les avocats et les médecins portaient autour du cou.
- (8) *parquet* : partie d'une cour de justice où se tenaient les juges.
- (9) *teston* : monnaie d'argent qui représentait d'un côté
- (10) *quand viendrait au point* : quand viendrait le moment de payer.
- (11) *Il n'en fallait point* : *en* désigne les honoraires.

D- Boileau : *Satire VII* « Sur le genre satirique » - v. 49 à 80

C'est en vain qu'au milieu de ma fureur extrême
Je me fais quelquefois des leçons à moi-même ;
En vain je veux au moins faire grâce à quelqu'un ;
Ma plume aurait regret d'en épargner aucun,
Et sitôt qu'une fois la verve me domine,
Tout ce qui s'offre à moi passe par l'étamine.
Le mérite pourtant m'est toujours précieux.
Mais tout fat me déplaît, et me blesse les yeux.
Je le poursuis partout, comme un chien fait sa proie,
Et ne le sens jamais qu'aussitôt je n'aboie.
[…]
« Pauvre esprit, dira-t-on, que je plains ta folie !
Modère ces bouillons de ta mélancolie,
Et garde qu'un de ceux que tu penses blâmer
N'éteigne dans ton sang cette ardeur de rimer. »
Eh quoi ! lorsqu'autrefois Horace, après Lucile,
Exhalait en bons mots les vapeurs de sa bile,
Et, vengeant la vertu par des traits éclatants,
Allait ôter le masque aux vices de son temps ;
Ou bien, quand Juvénal, de sa mordante plume
Faisant couler des flots de fiel et d'amertume,
Gourmandait en courroux tout le peuple latin,
L'un ou l'autre fit-il une tragique fin ?

E- Chénier : *Ode à Charlotte Corday* - v. 13 à 30

Non, non. Je ne veux point t'honorer en silence,
Toi qui crus par ta mort ressusciter la France
Et dévouas tes jours à punir des forfaits.
Le glaive arma ton bras, fille grande et sublime,
Pour faire honte aux dieux, pour réparer leur crime,
Quand d'un homme à ce monstre ils donnèrent les traits.
Le noir serpent, sorti de sa caverne impure,
A donc vu rompre enfin sous ta main ferme et sûre
Le venimeux tissu de ses jours abhorrés !
Aux entrailles du tigre, à ses dents homicides,
Tu vins redemander et les membres livides
Et le sang des humains qu'il avait dévorés !

Son œil mourant t'a vue, en ta superbe joie,
Féliciter ton bras et contempler ta proie.
Ton regard lui disait « Va, tyran furieux,
Va, cours frayer la route aux tyrans tes complices,
Te baigner dans le sang fut tes seules délices,
Baigne-toi dans le tien et reconnais des dieux. »

F- Hugo : *Les Orientales* - XL - *Lui* - début : v. 1 à 18

> J'étais géant alors, et haut de cent coudées.
> BUONAPARTE

Toujours lui ! lui partout ! — ou brûlante ou glacée,
Son image sans cesse ébranle ma pensée.
Il verse à mon esprit le souffle créateur.
Je tremble, et dans ma bouche abondent les paroles
Quand son nom gigantesque, entouré d'auréoles,
Se dresse dans mon vers de toute sa hauteur.

Là, je le vois, guidant l'obus aux bonds rapides ;
Là, massacrant le Peuple au nom des régicides ;
Là, soldat, aux tribuns arrachant leurs pouvoirs ;
Là, consul jeune et fier, amaigri par des veilles
Que des rêves d'empire emplissaient de merveilles,
Pâle sous ses longs cheveux noirs.

Puis, empereur puissant, dont la tête s'incline,
Gouvernant un combat du haut de la colline,
Promettant une étoile à ses soldats joyeux,
Faisant signe aux canons qui vomissent les flammes,
De son âme à la guerre armant six cent mille âmes,
Grave et serein, avec un éclair dans les yeux.

G- Hugo : *Les Feuilles d'automne* - XL - fin : v. 43 à 54

> Toi, vertu, pleure si je meurs.
> ANDRÉ CHÉNIER

Alors, oh ! je maudis, dans leur cour, dans leur antre
Ces rois dont les chevaux ont du sang jusqu'au ventre !
Je sens que le poète est leur juge ! je sens
Que la muse indignée, avec ses poings puissants,
Peut, comme au pilori, les lier sur leur trône
Et leur faire un carcan de leur lâche couronne,
Et renvoyer ces rois, qu'on aurait pu bénir,
Marqués au front d'un vers que lira l'avenir !
Oh ! la muse se doit aux peuples sans défense.
J'oublie alors l'amour, la famille, l'enfance,
Et les molles chansons, et le loisir serein,
Et j'ajoute à ma lyre une corde d'airain !

H- Musset : *Le Rhin allemand* (polémique avec Becker)

Le Rhin allemand par Becker. Traduction française (str. 1-2-6)

Ils ne l'auront pas, le libre Rhin allemand, quoiqu'ils
le demandent dans leurs cris comme des corbeaux avides ;

Aussi longtemps qu'il roulera paisible, portant sa robe verte ; aussi
longtemps qu'une rame frappera ses flots.
[...]
Ils ne l'auront pas, le libre Rhin allemand, jusqu'à ce que les ossements du
dernier homme soient ensevelis dans ses vagues.

Le Rhin allemand. Réponse à la chanson de Becker (début)

Nous l'avons eu, votre Rhin allemand,
Il a tenu dans notre verre.
Un couplet qu'on s'en va chantant
Efface-t-il la trace altière
Du pied de nos chevaux marqué dans votre sang ?

Nous l'avons eu, votre Rhin allemand.
Son sein porte une plaie ouverte,
Du jour où Condé triomphant
A déchiré sa robe verte.
Ou le père a passé, passera bien l'enfant.

Nous l'avons eu, votre Rhin allemand.
Que faisaient vos vertus germaines,
Quand notre César tout-puissant
De son ombre couvrait vos plaines ?
Où donc est-il tombé, ce dernier ossement ?

I- Lamartine : *La Marseillaise de la paix* - v. 1 à 17

Roule libre et superbe entre tes larges rives,
Rhin, Nil de l'Occident, coupe des nations !
Et des peuples assis qui boivent tes eaux vives
Emporte les défis et les ambitions !

Il ne tachera plus le cristal de ton onde,
Le sang rouge du Franc, le sang bleu du Germain ;
Ils ne crouleront plus sous le caisson qui gronde,
Ces ponts qu'un peuple à l'autre étend comme une main !

Les bombes et l'obus, arc-en-ciel des batailles,
Ne viendront plus s'éteindre en sifflant sur tes bords ;
L'enfant ne verra plus, du haut de tes murailles,
Flotter ces poitrails blonds qui perdent leurs entrailles,
Ni sortir des flots ces bras morts !

Roule libre et limpide, en répétant l'image
De tes vieux forts verdis sous leurs lierres épais,
Qui froncent tes rochers, comme un dernier nuage
Fronce encor les sourcils sur un visage en paix.

J- Lamartine : *Ode sur les Révolutions* - II - v. 115 à 124

Regardez donc, race insensée,
Les pas des générations !
Toute la route n'est tracée
Que des débris des nations :
Trônes, autels, temples, portiques,
Peuples, royaumes, républiques,
Sont la poussière du chemin ;
Et l'Histoire, écho de la tombe,
N'est que le bruit de ce qui tombe
Sur la route du genre humain !

K- Gide : *Les Nourritures terrestres - Envoi* (fin)

[...] Nathanaël, jette mon livre ; ne t'y satisfais point. Ne crois pas que ta vérité puisse être trouvée par quelque autre ; plus que de tout, aie honte de cela. Si je cherchais tes aliments, tu n'aurais pas de faim pour les manger ; si je te préparais ton lit, tu n'aurais pas sommeil pour y dormir.

Jette mon livre, dis-toi bien que ce n'est là qu'une des mille postures possibles en face de la vie. Cherche la tienne. Ce qu'un autre aurait aussi bien fait que toi, ne le fais pas. Ce qu'un autre aurait aussi bien dit que toi, ne le dis pas, — aussi bien écrit que toi, ne l'écris pas. Ne t'attache en toi qu'à ce que tu sens qui n'est nulle part ailleurs qu'en toi-même, et crée de toi, impatiemment ou patiemment, ah ! le plus irremplaçable des êtres.

André Gide, fragment de « Envoi »
in *Les nourritures terrestres*, © Gallimard.

L- Péguy : *Ève* « Heureux ceux qui sont morts... »

Heureux ceux qui sont morts pour la terre charnelle,
Mais pourvu que ce fût dans une juste guerre.
Heureux ceux qui sont morts pour quatre coins de terre.
Heureux ceux qui sont morts d'une mort solennelle.

Heureux ceux qui sont morts dans les grandes batailles,
Couchés dessus le sol à la face de Dieu.
Heureux ceux qui sont morts sur un dernier haut lieu,
Parmi tout l'appareil des grandes funérailles.

Heureux ceux qui sont morts pour des cités charnelles.
Car elles sont le corps de la cité de Dieu.
Heureux ceux qui sont morts pour leur âtre et leur feu,
Et les pauvres honneurs des maisons paternelles.

M- Supervielle : *Paris*

Ô Paris, ville ouverte
Ainsi qu'une blessure,
Que n'es-tu devenue
De la campagne verte.

Te voilà regardée
Par des yeux ennemis,
De nouvelles oreilles
Écoutent nos vieux bruits.

La Seine est surveillée
Comme du haut d'un puits
Et ses eaux jour et nuit
Coulent emprisonnées.

Tous les siècles français
Si bien pris dans la pierre
Vont-ils pas nous quitter
Dans leur grande colère ?

L'ombre est lourde de têtes
D'un pays étranger.
Voulant rester secrète
Au milieu du danger

S'éteint quelque merveille
Qui préfère mourir
Pour ne pas nous trahir
En demeurant pareille.

Jules Supervielle, « Paris » in *1939-1945* recueilli dans *Œuvres poétiques complètes*, Bibliothèque de la Pléiade, © Gallimard.

N- Guillevic: *Bretagne*

Il y a beaucoup de vaisselle,
Des morceaux blancs sur le bois cassé,

Des morceaux de bol, des morceaux d'assiette
Et quelques dents de mon enfant
Sur un morceau de bol blanc.

Mon mari aussi a fini,
Vers la prairie, les bras levés,
Il est parti, il a fini.

Il y a tant de morceaux blancs,
De la vaisselle, de la cervelle
Et quelques dents de mon enfant.

Il y a beaucoup de bols blancs,
Des yeux, des poings, des hurlements,

Beaucoup de rire et tant de sang
Qui ont quitté les innocents.

Guillevic, « Bretagne » in *Exécutoire*
recueilli dans *Terraqué* suivi de *Exécutoire*,
© Éditions Gallimard.

O- Char : *La Liberté*

Elle est venue par cette ligne blanche pouvant
tout aussi bien signifier l'issue de l'aube que le bougeoir du crépuscule.

Elle passa les grèves machinales ; elle passa les
cimes éventrées.

Prenaient fin la renonciation à visage de lâche,
la sainteté du mensonge, l'alcool du bourreau.

Son verbe ne fut pas un aveugle bélier mais la
toile où s'inscrivit mon souffle.

D'un pas à ne se mal guider que derrière
l'absence, elle est venue, cygne sur la blessure, par cette ligne blanche.

René Char, « La Liberté » in « Seuls demeurent »
recueilli dans *Fureur et mystère*,
© Éditions Gallimard.

P- Prévert : *Familiale*

La mère fait du tricot
Le fils fait la guerre
Elle trouve ça tout naturel la mère
Et le père qu'est-ce qu'il fait le père ?
Il fait des affaires
Sa femme fait du tricot
Son fils la guerre
Lui des affaires
Il trouve ça tout naturel le père
Et le fils et le fils
Qu'est-ce qu'il trouve le fils ?
Il ne trouve rien absolument rien le fils
Le fils sa mère fait du tricot son père des affaires lui la guerre
Quand il aura fini la guerre
Il fera des affaires avec son père
La guerre continue la mère continue elle tricote
Le père continue il fait des affaires
Le fils est tué il ne continue plus
Le père et la mère vont au cimetière
Ils trouvent ça naturel le père et la mère
La vie continue la vie avec le tricot la guerre les affaires
Les affaires la guerre le tricot la guerre
Les affaires les affaires et les affaires
La vie avec le cimetière.

Jacques Prévert, « Familiale »
in *Paroles*, © Éditions Gallimard.

LECTURES MÉTHODIQUES

Cette première partie de l'épreuve orale de français consiste à présenter, de façon claire et organisée, un texte de la liste préparée en cours d'année, pour en mettre en lumière les principaux centres d'intérêt. Sur les modalités de l'épreuve et la façon de la préparer, tous renseignements sont fournis dans *L'Oral de français* (par Patrick Sultan, collection « Résonances », Ellipses, éd. 98). On se bornera ici à examiner les huit textes accompagnés de questions qui en précisent les axes de lecture, reproduits au début de ce recueil pour illustrer le thème de la poésie engagée.

1 – Ronsard : Extrait du *Discours des misères de ce temps*

Les querelles entre catholiques et protestants ont abouti aux affrontements d'une guerre civile dès 1562. Ronsard lance avec solennité un appel à la paix, et s'en remet à l'autorité de la Reine pour mettre fin aux discordes et aux combats.

• Montrez par quels moyens Ronsard, se mettant en position d'« historien », s'adresse à la postérité pour décrire un fléau dû aux égarements de « l'opinion ».

Ronsard adopte le point de vue de l'historien (se fait-il lui-même historien, abandonnant les sujets habituels de ses poèmes sur l'amour et la nature ? ou s'adresse-t-il à l'historien qui, dans la postérité, fera le récit de cette époque troublée ?) pour instruire les générations à venir. Il veut exprimer le vrai (« d'encre non menteuse ») et d'emblée condamne l'horreur de son époque (« l'histoire monstrueuse »), sans accuser d'autre coupable qu'un mauvais destin (« tout ce malheur fatal », c'est-à-dire infligé par le sort). Ces mots placés à la rime, dans les quatre premiers vers, définissent la position de recul et de déploration sur « notre mal » qui est celle du poète : « non menteuse »/« monstrueuse » et « fatal »/« notre mal ».

Aux générations futures il offre ainsi un solennel avertissement, et fournit l'exemple à éviter — sans atténuer la responsabilité de ses contemporains qui s'entretuent : « Et qu'ils prennent exemple aux péchés de leurs pères »... Il reporte à la rime la cause grave de tout ce *Discours* : « en pareilles misères ».

Cette position bien affirmée, en-dehors de tout esprit partisan, ne l'empêche pas de dénoncer la cause d'où est sorti le mal. Une grave interrogation trahit l'émotion qui le saisit quand il considère son siècle :

cette « opinion nourrice des combats », qui opposent aux catholiques les partisans de la religion réformée, a provoqué dans un royaume prospère un écroulement soudain (« comme une grande roche »...) Cette première image est le symbole désastreux qui doit faire mesurer au lecteur la gravité du danger, et l'urgence d'y mettre fin.

• Les misères de ce temps commencent par l'appel aux forces étrangères, qui donne aux combats une ampleur soudaine. Comment le poète évoque-t-il ce danger ?

Suit un bref récit — symbolique aussi puisqu'il fait intervenir la France personnifiée — de l'aggravation des combats par la guerre étrangère qui s'ajoute aux guerres civiles, chaque parti faisant appel au soutien de l'étranger, les catholiques à l'Espagne, les protestants à la combattive Allemagne, dans une France impuissante et humiliée, réduite à « mendier » des secours.

« L'opinion », qui se partage entre deux religions ennemies, est devenue un « monstre » (qu'annonçait l'adjectif dans la formule initiale, « l'histoire monstrueuse » de ces temps de bouleversement).

• Par quelles antithèses développe-t-il un tableau des discordes civiles ? Et comment les métiers de la paix se transforment-ils pour répondre à la guerre ?

Ronsard fait alors le tableau pathétique des malheurs que provoquent ces combats. La discorde s'introduit au sein des familles, non seulement la discorde, mais la violence et l'assassinat : « Ce monstre arme le fils contre son propre père ».

On remarquera comment la place des mots, à l'hémistiche ou à la rime, fait ressortir ces oppositions contre nature, qui vont s'accumulant, tantôt une fois, tantôt deux fois dans le même vers, en une énumération qui rend sensible la négation de l'ordre établi et de la loi naturelle. Le poète fait entendre comme en écho la condamnation qu'il porte sur ces bouleversements « sans raison », mots repris et aggravés par « sans ordre et sans loi ».

Hors de la famille, et toujours sous l'effet de « ce monstre » — repris pour la troisième fois — les activités dans le pays sont abandonnées. Tous ceux qui assuraient la vie et la prospérité dans un royaume en paix : l'artisan, le pasteur (c'est-à-dire le berger), l'avocat, le marinier, le marchand... ont délaissé leur travail et quitté leur séjour habituel. Là aussi les mots sont mis en valeur, au début du vers, à l'hémistiche ou à la rime, pour redoubler l'effet d'accumulation, débouchant sur l'adjectif « méchant », qui rejaillit sur tout ce bouleversement des métiers, et non pas seulement (pour porter au comble le contraste) sur le « prud'homme », l'homme sage et honnête (ou même expert dans les problèmes liés à la pratique des métiers).

Les conséquences sont dramatiques et aberrantes. Dans le plus pacifique de tous les métiers, le laboureur transforme en armes les outils qui servent à travailler la terre et à nourrir les hommes : autre transformation contre nature, nouvelle série d'antithèses. « La dague pointue », « la pique guerrière » et « le couteau » deviendraient désormais les moyens de survivre !

• Comment l'auteur nous présente-t-il les désordres et les vices résultant de ces bouleversements ?

Les conséquences sont graves pour la morale, la religion et la sécurité de tous. On vit dans un « monde renversé ». Une énumération de mots abstraits dépeint « le vice » sous toutes ses formes : l'absence d'honnêteté (« le désir, l'avarice »), comme l'absence de jugement (« l'erreur insensé ») en matière de religion, aussi bien que de politique ou de conduite individuelle.

On en arrive à un tableau scandaleux, par l'antithèse entre les « lieux sacrés » et l'énumération de ce qu'il sont devenus : « une horrible voirie » (aussi sale que les rues dans les villes), « Une grange, une étable et une porcherie ». « Et Justice et Raison », abandonnées par les hommes, ont fait place au brigandage, qui règne sous ses formes les plus violentes : « La force, le harnais » (armure, symbolisant la profession des armes), « le sang et le carnage ».

C'est la Raison qui manque, dans ces misères généralisées, et seule l'autorité légitime de la Reine, régente du royaume, est capable de faire cesser ce que la folie et l'injustice ont provoqué.

Conclusion :

Cet ample mouvement d'éloquence justifie tout à fait le titre de *Discours des misères de ce temps*. La solennité du ton dans l'appel au jugement des générations présentes et futures n'empêche pas le *Discours* de rendre sensible l'émotion du poète, sa pitié, son indignation. Et le recours aux procédés de la rhétorique, aux antithèses, aux énumérations, aux ressources qu'offre le vers alexandrin pour mettre en valeur les mots, apporte de l'ampleur, et non de la froideur, à ces tableaux symboliques.

L'usage des symboles permet de resserrer et de rendre plus scandaleuses au regard de la réflexion les manifestations du désordre et de la guerre. Guerre civile, guerre étrangère et brigandage ici ne font qu'un. Discorde, malhonnêteté, violence et carnage s'enchaînent inexorablement, à partir d'une opposition des partis pris religieux et d'un relâchement de l'autorité qui, ne contenant plus les mœurs, menace jusqu'au respect qu'on observait pour les lieux sacrés.

Mais c'est au nom de la Justice et de la Raison que Ronsard condamne cette malheureuse impuissance où l'homme est tombé de reconnaître l'homme en l'homme, fût-ce parmi les plus proches, et en dépit des liens plus forts. En contre-partie, on devine le regret des tendresses naturelles, des occupations de la paix, et d'un monde qui ne serait pas « sens dessus dessous ».

2 – D'Aubigné : extrait des *Fers* (*Les Tragiques* - V)

• Situez dans leur époque *Les Tragiques* et leur auteur, puis le passage retenu, extrait du Livre V, dans *Les Tragiques*.

En longues périodes d'éloquence descriptive et narrative, d'Aubigné évoque deux faits réels : l'exécution, par les catholiques, des chefs protestants de la conjuration d'Amboise, puis la bataille de Dreux, qui se termina sans vainqueurs ni vaincus.

• Comment « l'hideux portrait » de la ville où se fit le massacre des conjurés s'élargit-il en une vision épique ? Étudiez notamment le choix et la mise en valeur des noms et des adjectifs dans les vers.

Les deux récits qui suivent — récits et descriptions à la fois — illustrent la métamorphose des Français sous l'effet de la guerre civile par l'antithèse « doux »/« enragés ». L'énumération du second vers exprime l'idée directrice de cette page : la cruauté fausse désormais totalement les sentiments, les jugements et les comportements.

a) Tableau de la ville d'Amboise remplie de cadavres.

b) Élargissement de la vision : les noyés, les pendus, l'échafaud (à l'hémistiche et à la rime).

c) Le spectacle ensanglanté (insistance par les adjectifs, à la rime).

d) L'anecdote réelle, destinée à prendre Dieu à témoin ; il s'agirait de Villongis-Briquemont, au moment où il allait être exécuté devant le roi, ses frères et les dames de la Cour. L'expression « Tes mains seront ôtées » est une allusion directe au Psaume 74 :

> Pourquoi retires-tu ta main et ta droite ?
> Sors-là de ton sein ! détruis.

Cet appel à la vengeance divine donne à ce tableau sa dimension épique.

• « Les tragiques erreurs » débouchent sur la guerre. Montrez comment le récit fait ressortir l'absence de victoire et l'égalité des maux dans les deux camps.

Après l'horreur du carnage, l'inutilité de la guerre. Dérision concernant :
a) la puissance de l'armée, réduite à ses apparences : fer, feux et fumée ;
b) les reîtres, soldats mercenaires (à l'origine cavaliers allemands), qui n'ont que leurs habitudes guerrières pour départager « les tragiques erreurs » où se fourvoient les Français ;
c) l'absence de victoire : le chef de l'armée royale, Anne de Montmorency, fut fait prisonnier ; le prince de Condé, chef de l'armée protestante, qui se croyait victorieux, fut mis en déroute par les troupes du duc de Guise, et devint captif à son tour ; c'est finalement Coligny qui organisa la retraite et eut « la gloire » d'avoir ramené ses troupes en ordre, sans victoire aucune.

• Quelles images et quels rapprochements de mots suscitent l'impression d'inutilité des combats ?

- La personnification de la Victoire, se promenant d'un camp à l'autre, et s'enivrant de sang français, pousse la dérision au sarcasme*.
- Le naufrage du vaisseau : reprise du ton tragique. Dans le désastre général, la chance se réduit à mourir un peu plus tard (reprise dans le même vers : « le plus heureux » et « l'heur », c'est-à-dire le bonheur).
- Force des antithèses :

> L'un ruine... sa victoire
> L'autre au débris de soi... prend sa gloire.

Conclusion :

L'éloquence ici prend le pas sur la description et sur le récit, par les nombreux moyens de rhétorique employés. D'Aubigné veut d'abord émouvoir. Il y parvient par le tableau élargi en vision d'horreur dans le premier récit, par le dénigrement vengeur des combats qui ne débouchent que sur la mort et la ruine, sans gloire pour personne, et sans résultat qui mette fin aux querelles.

3 – Chénier : *Iambes* (« Sa langue est un fer chaud »).

• Situation de Chénier dans son siècle
  - Son destin tragique
  - Les *Iambes*, œuvre posthume.

Le poème reproduit ici est un plaidoyer du poète pour sa propre défense, une violente attaque contre ses accusateurs.

• Montrez comment Chénier, après avoir repris sous forme poétique l'accusation portée contre lui, se justifie en invoquant son destin de poète, puis son amour de la patrie.

a) Reprise de l'accusation portée contre le poète en termes imagés : on lui attribue une attitude agressive et des armes impliquant la cruauté et la haine (« fer chaud », « fiel »).
b) Réponse du poète : sa vie solitaire, consacrée à la poésie. Transposition en termes de poésie lyrique, par l'image de l'abeille créant son miel et le mettant en réserve dans sa ruche.
c) Exemple du poète grec Archiloque : la poésie peut fournir au poète attaqué traîtreusement une arme contre ses ennemis (« belliqueux iambe », « lacet vengeur »).
d) La poésie dans le cas de Chénier se fera craindre comme la foudre
 - non pour répondre aux injures (ce ne serait que polémique*)
 - mais pour défendre la patrie, la paix et les lois.
Ainsi à ses accusateurs Chénier répond par une justification et une menace : il est purement et strictement poète ; mais sa poésie peut être une arme redoutable. Son but est de défendre « les humains » contre toute tyrannie.

• Relevez les images empruntées à la tradition antique et montrez comment elles donnent de l'ampleur à l'invective*.

- L'image qui reprend l'accusation dans les deux premiers vers présente le poète comme un monstre : une sorte de dragon crachant le feu (« sa langue est un fer chaud »-« ses veines brûlées »-« des fleuves de fiel »). Mais image seulement esquissée pour suggérer le trait dominant de l'accusation : la haine contre-révolutionnaire qu'on suppose au poète pour faire de lui un suspect.
- « Les doctes vallées » : celles que fréquentaient les Muses, au pied du mont Parnasse consacré à Apollon, dieu des arts. Le choix d'un mot imprécis (cueillir) et le raccourci d'expression dans l'octosyllabe « Cueilli le poétique miel » suggèrent une activité dense et continue du poète solitaire.
- Lycambe ne résista pas à la violence des vers d'Archiloque et fut réduit à se suicider. L'anecdote fait image en décrivant la violence de l'invective* dans les *Iambes*.
- Le poète n'a jamais été un Zeus armé de la foudre pour se venger personnellement, mais il va parler pour défendre sa patrie, les lois, les humains, avec toutes les ressources de violence que lui offre la poésie.
- « Les noirs Pythons » : souvenir du serpent monstrueux qu'Apollon tua de ses flèches aux environs de Delphes (le serpent Python). « Les hydres fangeuses » : souvenir de l'hydre de Lerne, serpent fabuleux dont les sept têtes se reformaient quand on les coupait ; Hercule détruisit ce monstre.

Étude sur la poésie engagée

L'emploi du pluriel retourne contre les accusateurs et en force, puisqu'il s'agit cette fois de désigner de fabuleux serpents, l'accusation de monstruosité enveloppée dans les deux premiers vers contre le poète.

• Quels vers français emploie Chénier pour restituer le rythme des iambes* ? Et comment le rythme des vers contribue-t-il à faire ressortir les mots importants ?

- La succession d'un alexandrin et d'un octosyllabe correspond au rythme agité de l'iambe* dans la poésie grecque.
- Disposition en rimes alternées sur quatre vers.
- Effets d'opposition à la rime : « fleuves de fiel »/« poétique miel » ou de renforcement :

   « un beau-père menteur »/« un lacet vengeur »
   « ma voix »/« les lois »
   « les hydres fangeuses »/« ces bêtes venimeuses »

- Densité des octosyllabes pour condenser une image ou définir une attitude :

   « La patrie allume ma voix »
   « Et mes fureurs servent les lois »
   « Le feu, le fer arment mes mains »
   « C'est donner la vie aux humains »

Conclusion :

Indignation contre l'injustice de l'accusation, générosité de l'amour de la patrie et de la défense des humains au nom de la paix et des lois, Chénier laisse libre cours à ses « fureurs », dont les images empruntées à l'antiquité redoublent la violence. Ce style haché et dense porte l'invective* à son point extrême.

4 – Lamartine : Extrait de la *Réponse à Némésis*

• Situation de la *Réponse à Némésis* au début de la carrière politique de Lamartine, quand se produit un tournant à la fois dans ses convictions et dans sa poésie :

 - refus de rester indifférent aux événements,
 - refus de manquer à ses responsabilités de citoyen,
 - volonté de défendre la patrie et la liberté.

• Comment les allusions à l'antiquité prennent-elles une valeur symbolique pour faire ressortir par contraste l'idéal dont se réclame le poète ?

- **Strophe 1 :** Tableau de Rome en flammes (incendie peut-être provoqué par Néron lui-même), sous les yeux du tyran qui y cherche l'inspiration pour chanter sur la lyre : un scandale célèbre du règne le plus sombre de l'Empire romain. Il se complète par le tableau des citoyens réduits à la mort et à la ruine, symbole de la tyrannie qui s'exerce par la crainte.

- **Strophe 2** : Tableau plus général des guerres civiles, sans référence précise, avec assassinats, proscriptions* et luttes intestines. C'est alors que la voix du poète et de l'homme libre doit s'élever pour sauver ce qui compte : « Rome (c'est-à-dire la patrie), les dieux, la liberté ».

- **Strophe 3** : Question de conscience que se pose alors le poète ; se révoltant contre tout consentement à l'esclavage, il refuse de subir et de se borner à l'art, sans lutter en citoyen.

- **Strophe 4** : Au contraire, c'est l'idéal qui fait vibrer le cœur du poète : « Patrie et liberté, gloire, vertu, courage ». L'allusion biblique donne toute sa grandeur au devoir qui lui est réservé : il ne sera pas « Ésaü de la liberté ».

Ces biens qu'il doit défendre, le poète n'y a jamais renoncé ; il n'en a jamais accordé ni vendu sa part, abandonnant la liberté comme Ésaü son héritage dans la Bible.

• Étudiez la forme de la strophe et la façon dont le rythme s'élargit dans les reprises du mouvement oratoire : « Honte à qui... »

- Progression des strophes échelonnées sur un grand mouvement oratoire, appuyé sur des anaphores*.
- Amples strophes de huit vers, dont sept alexandrins suivis d'un octosyllabe, avec rimes croisées regroupant les vers quatre par quatre. Deux mouvements dans chaque strophe :

« Honte à qui... » repris deux fois dans la strophe 1 ;
« Honte à qui... », puis « C'est l'heure de combattre »
« C'est l'heure de monter »
« Et de défendre au moins... » dans la strophe 2.

- La montée oratoire se poursuit par de fausses interrogations qui vont s'élargissant sur un vers, trois vers, puis quatre vers dans la strophe 3 ;

La strophe 4 apporte les réponses qui se pressent sous forme d'exclamations.

• Exclamations, interrogations, apostrophes... trahissent des émotions violentes. Essayez de caractériser celles qui se succèdent dans ce passage.

- Mouvements passionnés qui procèdent de l'indignation du poète contre le pamphlétaire* qui l'a attaqué, et qui prennent la forme d'une justification enthousiaste.

- Emportement contre la tyrannie de Néron, et contre l'insensibilité que pourrait montrer le poète absorbé en ses chants, face aux mères anxieuses pour la vie de leurs fils, face à des citoyens menacés par l'incendie, la ruine et la violence.
- Emportement contre l'indifférence de qui verrait les désordres et les lâchetés des meurtriers collaborant à ces violences sans appeler le peuple à résister.
- Sursaut d'honneur appelant poètes et citoyens à combattre et à défendre la liberté (souvenir des discours de Démosthène à Athènes ou de Cicéron à Rome).
- Défi à un adversaire qui se dit seul qualifié pour défendre la liberté.
- Emportement de générosité, appelant le poète à revendiquer sa dignité d'homme au nom de l'égalité entre les hommes, et à n'en perdre l'héritage sous aucun prétexte.

Conclusion :

Éloquente proclamation de fidélité à un idéal de liberté, dans un violent refus de la tyrannie, dont Néron sert ici de symbole égoïste et abject. La poésie est associée à la grandeur et à la générosité d'un idéal. L'âme d'un Néron ou d'un esclave, associant la bassesse à la lyre, en déshonorerait l'usage. L'attachement à la patrie est indissociable de la défense de la liberté, où le courage trouve son motif et sa gloire.

5 – Gide : *Ronde pour adorer ce que j'ai brûlé*

• Situation des *Nourritures terrestres* dans l'œuvre de Gide, et du poème retenu au début des Nourritures, c'est-à-dire au commencement d'un effort de libération de l'esprit pour découvrir dans leur vérité les beautés du monde et le bonheur de suivre sa propre voie.

• **Quels détails suggèrent l'enthousiasme du poète pour la lecture ? Et quelles allusions font deviner l'étendue de ses lectures ?**

L'enthousiasme se manifeste dans une diversité de circonstances, d'usages, de moments, où surgit parfois l'émerveillement. Cet enthousiasme tient aussi à l'étendue des lectures : depuis la curiosité de l'écolier jusqu'aux intérêts ou interrogations de l'adulte, diversité extrême des sujets considérés (religion et métaphysique, approche de la nature, ou encore livres pour la jeunesse, anthologies...) diversité plus étonnante des motivations que dévoilent ces livres, dont certains cherchent à modeler le jugement, les actions, la vie même de leurs lecteurs.

• De quelles contradictions dans l'énumération des livres naît l'impression de lassitude, ou même d'inutilité ?

À la diversité des thèmes rencontrés s'ajoute souvent, comme l'ombre à la lumière cherchée, une impuissance des livres à réaliser ce qu'ils promettaient.

- Ironie de certains vers ; par exemple :
  - « Il y en a pour faire croire qu'on a une âme ;
  D'autres pour la désespérer. »
  - « D'autres où il est tellement question de la nature,
  Qu'après ce n'est plus la peine de se promener. »
- Défiance aussi, quand s'y ajoute le danger de certains, qui visent à conformer les esprits de façon trop rigide ou trop exclusive.

• Comment le poème conduit-il du titre à une conclusion en apparence opposée ?

On part de l'adoration des livres (suggérée par leur présence continue, jusque dans les loisirs et à la campagne, avec référence à Cicéron) pour aboutir au refus qui incite à brûler tous les livres, quand la lassitude et les dangers se substituent à l'enthousiasme.

De cette fréquentation de la lecture, de cette disponibilité, de cette adoration première à laquelle il reviendra, le poète s'éveille au doute et à la critique lucide, brûlant en esprit tant d'objets d'agrément et de séduction. Un avenir d'homme est à construire, qui s'engage en rejetant, mais pour se construire selon ce qui résiste et vaut d'être admiré.

• Étudiez la présentation sous forme de ronde en vers libres, groupés en strophes inégales. Comment contribue-t-elle à suggérer une succession cyclique de l'amour des livres à l'abandon des livres pour l'amour de la vie, elle-même éclairée par les livres ?

- Reprise de la tournure « il y a » ou « il y en a », alternant avec « d'autres » — d'où effet de ronde.

- Strophes inégales, brèves au début, puis de plus en plus longues — d'où effet d'accumulation.

- Progression calculée dans ces strophes inégales : les livres qu'on lit par hasard, ceux qu'on fréquente sans en tirer de conviction, ceux qu'on ne fait qu'observer, ceux qui ne conviennent pas à tous les lecteurs, ceux qui font comme une foule où se mêlent les livres qui désespèrent, les livres qu'on aime, et ceux qu'on ne comprend pas.

Après quoi peut reprendre, en toute lucidité la ronde d'une vie accompagnée par les livres.

Conclusion :

Une vision personnelle et renouvelée des domaines de la culture, ainsi que de l'effort que doit s'imposer le lecteur pour soumettre son bonheur de lire à de hautes exigences d'ordre intellectuel et moral.

- Recherche de la ferveur par la fréquentation des livres « qu'on chérit comme des frères ».

Dans tous les cas, attitude active du lecteur, par le refus de l'érudition de l'endoctrinement.

- À rapprocher de Montaigne qui, par ses lectures, formait sa réflexion comme l'abeille fait son miel, distinct des fleurs à partir desquelles elle l'a composé :

> Les abeilles pillotent de çà de là les fleurs, mais elles en font après le miel, qui est tout leur ; ce n'est plus thym ni marjolaine ; ainsi les pièces empruntées d'autrui, il les transformera et confondra pour en faire un ouvrage tout sien, à savoir son jugement [...] (*Les Essais*, Livre I, chap. XXVI)

6 – Péguy : *Ève* (extrait)

Passage tiré du dernier poème achevé par Péguy, et qui se présente sous la forme d'une succession de quatrains d'alexandrins présentés sans interruption, sans subdivision en parties ou en livres, en un long cheminement où la pensée progresse par nuances à l'intérieur de redites qui dessinent de longs mouvements.

Péguy s'en prend ici à l'attitude indulgente de la Mère de tous les humains.

• Comment les quatrains d'alexandrins font-ils ressortir, par les tournures reprises, la résignation ou la passivité d'Ève ?

• Signalez les formules reprises au premier hémistiche dans chaque quatrain, parfois avec changement de l'infinitif ou du verbe.

Deux fois ou une fois par quatrain, Péguy décrit ainsi l'attitude d'Ève.
Str. 1 : « Vous regardez monter »... « Vous regardez monter »...
Str. 2 : « Vous voyez s'en aller »... « Vous voyez succomber »...
Str. 3 : « Vous regardez sombrer »... « Vous regardez monter »...
Str. 5 : « Et vous vous tenez là »...

• Effet de reprise en écho, d'immobilité dans le déplacement ou la multiplication des moments, comme si on cheminait dans une cathédrale.

• À quelles vertus obéit-elle, face au spectacle des humains entre eux ? Étudiez notamment les effets d'écho ou d'opposition entre les mots placés à la rime.

- À la rime aussi, des mots qui se font écho se renforcent (« impuissance »/« licence ») ou s'opposent (« clémence »/« démence »). Ils sont précisés par des infinitifs, placés à l'hémistiche, qui le plus souvent s'opposent, mais parfois se renforcent (ambiguïté de l'adjectif « double »). Il en résulte une apparence de « décence » et d'« innocence » que salue Péguy, mais qu'il nuance par une série d'antithèses. Précisez le sens des mots mis à la rime par la description de l'action qu'ils recouvrent.

• La disposition des rimes change après les trois premiers quatrains ; quels sont les deux mouvements qui s'enchaînent dans ce passage ?

- Articulation de deux mouvements dans ce passage : trois quatrains à rimes croisées, construits sur le mouvement : « Vous regardez... », « Vous voyez... », « Vous regardez... », décrivent les glissements par lesquels, sous le regard d'Ève, des qualités d'homme deviennent des vices qui vont s'aggravant : « la démence »-« de haine et d'inhumanité ».

- Trois quatrains à rimes embrassées, en rupture avec les précédents : (« Et moi je vous salue ») décrivent symboliquement les actes d'Ève pour masquer ces changements, et « ranger » toutes choses, en bonne ménagère.

Conclusion :

1) Tableau symbolique (présent à portée générale en tout temps ; valeur de répétition plutôt que de récit).
2) Sévérité du poète sur le comportement des humains tout au long des temps.
3) Fidélité du poète envers Ève, digne des sentiments que lui conserve l'homme. Mais cette admiration native se nuance du regret de la voir incapable d'enrayer les fautes humaines. Devant l'impuissance des hommes à préserver leurs vertus premières, Ève ne saura s'opposer que comme la figure même d'une « décence » et d'une « réticence », sans aucun pouvoir pour éviter les malheurs à venir. L'amour, la patience, les soins qu'elle offre depuis toujours à l'homme ne pourront ainsi préserver celui-ci des massacres que ses fautes préparent.

7 – Aragon : *La Rose et le réséda*

Aragon veut ici rendre hommage à ceux qui, malgré la différence de leurs convictions, ont sacrifié leur vie pour défendre leur patrie, soumise à la force pendant les années de l'occupation.

• Aragon désigne ce poème comme « chanson » ; à l'appui de cette indication, étudiez le rythme des vers, la succession alternée de deux sonorités (rimées ou assonancées), l'enchaînement d'un refrain et de quatrains sans intervalle et sans ponctuation... Caractérisez l'effet produit et la tonalité cherchée.

- Poème écrit en heptasyllabes* et construit sur deux rimes alternées : « belle »/« soldats ». Le refrain fait écho par la sonorité masculine : « ciel »/« pas ».
- Retour du refrain tous les quatre vers.
- Rupture tragique d'une sonorité masculine dans le couplet : « Ils sont en prison Lequel »
- Dans ces vers courts au rythme impair, le retour lancinant des deux mêmes sonorités produit un effet de complainte* funèbre, indissociable pourtant de la chanson d'espoir qui court à travers elle.

• Quels détails font deviner un récit qui n'est pas fait ?

- Récit allusif et symbolique, réduit à ses moments essentiels :
    - l'attaque (« Lequel montait à l'échelle »... « Cette clarté sur leurs pas »...)
    - l'arrestation
    - la prison
    - l'exécution.
- Le tout s'entrelace aux couplets décrivant l'état d'esprit, la ferveur et le dévouement des deux héros de l'ombre.

• Quelles allusions symbolisent l'état de la France occupée ?

- Pour masquer l'éloge des résistants au regard de la censure, la France est personnifiée, comme une princesse captive dans les romans médiévaux : la belle « Prisonnière des soldats », d'où le vocabulaire de l'amour courtois, de la fidélité, et du sacrifice absolu :

> Et tous les deux disaient qu'elle
> Vive et qui vivra verra

Et plus loin :

> Répétant le nom de celle
> Qu'aucun des deux ne trompa

Enfin le symbole devient celui de l'amour de la terre, quand le sang des deux suppliciés se met à couler :

> Il coule il coule et se mêle
> À la terre qu'il aima
> Pour qu'à la saison nouvelle
> Mûrisse un raisin muscat

• Quelles images éclairent l'attachement des héros à leur idéal ? Et de quels contrastes naît le pathétique ?

- L'essentiel du poème suggère ce qui sépare les héros (le refrain, obsédant, qui explique, introduit ou conclut les couplets, selon la souplesse que permet l'absence de ponctuation) et ce qui les réunit, cet idéal plus fort que les croyances et les divisions :

> Fou qui songe à ses querelles
> Au cœur du commun combat.

- De belles images empruntées à la nature (« Quand les blés sont sous la grêle ») enrobent le cruel réalisme des mauvais traitements et de la mort réservée aux « rebelles ».
- Le pathétique naît du contraste entre l'horreur de ces deux destins partagés et les sanglots qu'ils provoquent, liés à l'espoir d'une saison nouvelle où la nature pourra de nouveau être en fête.

Conclusion :

• Affirmation de la fraternité dans la différence, de la volonté de surmonter ce qui sépare, du dévouement partagé au même idéal, de l'égalité devant le sacrifice, de la compassion et de l'admiration qu'inspire ce courage sans défaut, de la confiance dans le retour de la vie et de la beauté universelles.

• Poème dense, éveillant une émotion profonde.

8 – Prévert : *Salut à l'oiseau*

• Situation de *Paroles* dans la carrière de Prévert.

• Portée symbolique de l'oiseau, qui revient dans plusieurs poèmes : comme ami du poète, comme exemple, comme expression de l'amour, ou de la liberté.

• *Salut à l'oiseau* est une sorte d'hommage rendu par le poète à la présence de l'oiseau, en qui il reconnaît toutes ses pensées, et qui illustre à la fois ses amours et ses refus.

• En étudiant l'enchaînement de ce poème en vers libres, rythmé par la formule « Je te salue », cherchez comment les qualificatifs attribués à l'oiseau suggèrent peu à peu un portrait du poète.

- Souvenirs d'enfance mêlant rêves, souvenirs et perceptions réelles, ce salut premier à l'oiseau est d'abord une vision qui se cherche et joue avec soi.

- Entraînement à faire renaître l'oiseau imaginaire de qualificatifs, qui situent le poète aussi dans son quartier d'enfance, émerveillé d'un monde où existent les fées, et qui accueille « (les) portefaix, (les) enfants et (les) fous ».

- L'oiseau heureux — « libre », « égal » et « fraternel » —, auquel s'adresse Prévert en égrenant ses souvenirs, semble bien définir le naturel si humain d'un poète, l'apprentissage d'un bonheur qu'accompagne l'oiseau, la formation d'un esprit à qui ce « magnifique oiseau de l'humour » apprendra à juger les oiseaux annonciateurs du malheur qui rôde autour de Saint-Sulpice. Finalement toute l'âme de Prévert poète est décrite : âme de bonheur, âme de courage, âme de fraternité.

• Comment les verbes à la première personne accompagnent-ils l'éveil des souvenirs, laissant deviner de brefs récits ?

- Poème à la première personne : le poète s'adresse à l'oiseau. Chaque vers « je te salue », seul à commencer par une majuscule, détermine, en vers libres inégaux, des phrases où se groupent des pensées et des souvenirs qui forment un tout.

- L'oiseau est présent dans les souvenirs : (oiseau) « que je connus jadis », mais non décrit.

- Des lieux sont suggérés : la place Saint-Sulpice, décor des promenades pendant l'enfance, devient un peu plus loin un symbole par un glissement au temps de la guerre et de l'occupation, le lieu où l'on voit « les corbeaux verts de Saint-Sulpice ».

- Les trois derniers saluts tracent la courbe d'un retour aux devoirs de l'homme, passant du bonheur rêveur de l'enfance retrouvée à celui de l'âge viril et à celui de se voir errer dans les villes — curieux pluriel qui semble multiplier la présence de l'oiseau, en une sorte de glissement à travers le temps et l'espace.

• Des rimes ou des assonances se font écho par endroits à la fin des vers. Essayez de caractériser les moments d'émotion qui se trahissent ainsi.

- Rappel rendu insistant par des effets de rime : « et je m'allume... » « et je me consume » ou d'assonances multipliées : « artifice »/« mairie »/ « Saint-Sulpice »/« Paris »/« vite ».

- Émotion souriante des souvenirs d'enfance.

De même pour :   « bonheur naturel »
                 « je me rappelle »
                 « les heures les plus belles »
Autres exemples : « tendresses »/« caresses »

« sur la tour »/« humour »
« échafaudages »/« corsage »...

• Comment les juxtapositions de mots font-elles rebondir le poème tantôt sur ce qu'aime le poète, tantôt sur ce qu'il réprouve ? Que représente le symbole de l'oiseau ?

- Introduction de l'oiseau par un triple jeu de mots visant à créer une symbolique particulière : « geai d'eau d'un noir de jais ». Il est dépeint ensuite par des qualificatifs qui le parent successivement de tous les sentiments qu'a cherchés le poète dans sa vie d'enfant et d'homme.

- Comme le poète, il se moque de ce qu'il n'aime pas : « les croassants oiseaux de la morale ».

Conclusion :

• L'oiseau est symbole de liberté, d'amour de l'enfance, de bonheur naturel, d'amour de la ville.

• En saluant son ami, le poète se présente lui-même, vers la fin de son livre-comme s'il mettait une discrète signature avant l'ultime envol de l'oiseau.

• Présentation morcelée, suivant les spectacles changeants qui s'offrent au poète en promenade dans le quartier parisien de son enfance. L'oiseau en devient symbole de continuité et de vie (le poète l'assimile au phénix* pour conclure son poème).

QUESTIONS POUR L'ENTRETIEN

Destiné à « élargir l'interrogation dans la perspective du groupement de textes » selon les Instructions officielles, l'entretien va faire intervenir, grâce à l'étude thématique et aux textes complémentaires, les moyens d'éclairer et de diversifier les données dégagées par la lecture méthodique. Il est utile de se reporter, pour cette seconde partie de l'épreuve, à l'ouvrage déjà conseillé (*L'Oral de français*, Patrick Sultan, collection « Résonances », Ellipses, éd. 98). On indiquera seulement ici un certain nombre de questions possibles à partir des huit textes présentés, accompagnées d'éléments de réflexion susceptibles d'aider à organiser les réponses.

1 – Comment le poète engagé considère-t-il le rôle du Prince au XVIe siècle ?

• Ronsard fait appel à la raison (texte canonique I), à la pitié (texte complémentaire A) et dans les deux cas se donne le rôle de conseiller éclairé en tant que poète.

Il soutient la Reine et le pouvoir établi.

• D'Aubigné oppose le tyran et le roi (texte complémentaire B) en un parallèle qui démasque le tyran.

Pour lui la tyrannie est celle de la Reine et de ses conseillers catholiques.

On se rappellera aussi la conception humaniste du bon prince, exposée par Rabelais dans *Pantagruel* et dans *Gargantua*.

On trouvera les prolongements de cette opposition du poète à la tyrannie :
- chez Hugo (texte complémentaire G)
- dans un propos d'Alain daté du 25 mai 1935 : la position du poète :

> » [...] en tout génie on sent quelque chose de la hauteur naturelle au poète. Donc il faut que les tyrans, petits et grands, en prennent leur parti ; ils n'auront pas les poètes pour eux ; ils n'auront pas les génies pour eux. »
> (*Les Saisons de l'esprit* - LXXVI)

2 – Quels aspects de l'éloquence avez-vous rencontrés chez les poètes de cette liste, ou du moins chez certains d'entre eux ?

Pouvez-vous sur ce point faire des rapprochements avec des œuvres non engagées ?

On pourra penser par exemple au mouvement oratoire des discours dans la tragédie de Corneille, ou à certains aspects de la poésie romantique.

3 – Hugo rejoint-il Ronsard dans sa conception de la fonction du poète ?

On se reportera au premier poème du recueil *Les Rayons et les Ombres* (dont il a été question dans cette étude) : « Fonction du poète », et au neuvième poème des *Châtiments*, où figure cette strophe :

> Ah ! quelqu'un parlera. La muse, c'est l'histoire.
> Quelqu'un élèvera la voix dans la nuit noire.
>   Riez, bourreaux bouffons !
> Quelqu'un te vengera, pauvre France abattue,
> Ma mère ! et l'on verra la parole qui tue
>   Sortir des cieux profonds !   (V. 133 à 138)

- Ronsard s'adresse à l'historien pour l'instruction des peuples.
- Hugo voue sa muse à l'histoire pour aggraver sa menace contre la tyrannie.

4 – L'invective* dans les *Iambes* de Chénier rend-elle plus émouvante la haine de la tyrannie ?

- Voir texte complémentaire E de Chénier, extrait de l'*Ode à Charlotte Corday*, écrite en strophes de six alexandrins.

L'indignation contre les tyrans se nuance ici de l'admiration pour Charlotte Corday, « fille grande et sublime ». On retrouve, appliquées à Marat, les images du serpent et du tigre, qui font de lui un monstre. Face à lui, l'héroïne devient l'instrument des dieux, et la sympathie qu'inspire son courage en est grandie.

La pure invective a plus de violence dans les *Iambes* (derniers vers) :

> Mourir sans vider mon carquois !
> Sans percer, sans fouler, sans pétrir dans leur fange
>   Ces bourreaux barbouilleurs de lois,
> Ces tyrans effrontés de la France asservie,
>   Égorgée ! […]

L'émotion dans l'*ode** est-elle plus prenante ?

En tout cas la violence pure de l'invective* a fait de Chénier un symbole auquel Hugo rend hommage, en exergue* du dernier poème des *Feuilles d'automne*.

5 – Chénier, écrivant dans sa prison, peut-il être associé, par ses cris de révolte, aux autres poètes victimes de persécutions, comme l'ont été ceux de la Résistance ?

• Il peut y avoir parenté dans les images utilisées, comme on le voit dans ce poème d'Aragon, extrait du *Musée Grévin* :

> J'écris dans un pays dévasté par la peste
> Qui semble un cauchemar attardé de Goya [...]

La monstruosité est suggérée ici non par les serpents, mais par le cauchemar.

• L'attitude aussi est comparable, si on en juge par ce qu'écrit Aragon dans la Préface de son recueil *Les Yeux d'Elsa* :

> Je chante parce que l'orage n'est pas assez fort pour couvrir mon chant, et que quoi que demain l'on fasse, on pourra m'ôter cette vie, mais on n'éteindra pas mon chant.

• Les poèmes, cités en textes complémentaires M, N et O, de Supervielle (1942), de Guillevic (1945) et de Char (1945), ont été écrits par des poètes contemporains du surréalisme, et dans un moment où ils n'étaient pas eux-mêmes en prison, mais songeaient à la France entière, traitée comme captive. Il en résulte des différences repérables dans la comparaison avec Chénier.

• Au même moment était publié un poème écrit dans la prison de Fresnes par le poète Jean Cayrol, intitulé *Dormez-vous ?*, et dont voici la première strophe :

> Réveillez-vous, le froid est déjà à vos portes
> et la lune se ferme comme une bouche morte.

Dans un poème intitulé *L'Explication des métaphores*, R. Queneau écrivait alors :

> Si je parle du temps, c'est qu'il n'est pas encore,
> Si je parle d'un lieu, c'est qu'il a disparu,
> Si je parle d'un homme, il sera bientôt mort,
> Si je parle du temps, c'est qu'il n'est déjà plus.

Tous ces textes poétiques datent de 1943, comme *La Rose et le réséda*.

6 – Quelle attitude polémique illustrent respectivement les deux réponses faites au poème agressif de Nicolas Becker (*Le Rhin allemand*) par Lamartine (*La Marseillaise de la paix*) et par Musset (*Le Rhin allemand*) ?

• Voir les trois poèmes en textes complémentaires H et I. Comparer l'hymne de paix de Lamartine et l'insolence narquoise de Musset, en réponse au défi guerrier de Becker.

7 – Comment la défense de la liberté, remise aux mains des citoyens, peut-elle être illuminée par les poètes ?

• *La Réponse à Némésis* de Lamartine, et la grande attaque de Péguy contre l'indifférence, dans *Ève*, se rejoignent dans une même exigence de responsabilité.

Lamartine se fait porte-parole d'une protestation collective,
Péguy plutôt dénonciateur d'un glissement des volontés individuelles.

• Le besoin qu'éprouve Lamartine de s'associer aux souffrances et aux luttes communes trouve son prolongement dans cette position de Jean Giono, affirmée dans la Préface des *Vraies Richesses* (1936) :

> « Quand la misère m'assiège, je ne peux pas m'apaiser sous des murmures de génie. Ma joie ne demeurera que si elle est la joie de tous. Je ne veux pas traverser les batailles une rose à la main. »

8 – Si l'humeur satirique, portée par le goût d'écrire, suffit à la caricature, comment la caricature devient-elle un des moyens qui mettent en rupture le poète avec les apparences morales (Gide) ou sociales (Prévert), dans sa quête de la vérité et du bonheur ?

• Voir les textes complémentaires de Régnier et de Boileau (C et D).
• Analyser des exemples de l'ironie de Gide, de l'humour de Prévert.
• Relire l'*Envoi* des *Nourritures terrestres* : un nouveau départ vers une vie plus consciente et plus riche (texte complémentaire K de Gide).
• Voir enfin *Familiale*, texte complémentaire P de Prévert : un nouveau jugement porté sur la lâcheté d'une vie réduite aux habitudes machinales.

9 – Comment l'appel à la paix, sous ses formes variées, s'appuie-t-il sur l'hommage aux morts ?

• Voir textes complémentaires de Lamartine, Hugo et Péguy (I, J, F et L).

- Reprendre l'ensemble de la liste pour faire ressortir le sentiment d'une continuité dans le temps, comme une des forces qui inspirent le poète engagé.

10 – La poésie engagée vise-t-elle primordialement à la défense du citoyen ou à la libération de l'homme ?

- Faire intervenir la notion de « poésie de circonstance », suscitée par l'événement, mais acte de liberté face aux *Convulsions de la force* (formule servant de titre à un recueil de propos d'Alain publié en 1939). Aragon la décrit comme « la poésie dans la circonstance, la poésie dans la réalité que l'on vise ; et la réalité enfin nommée de la colère et de l'espoir ».

- À l'inverse, Benjamin Péret, poète surréaliste pendant toute sa carrière, écrit en 1945 dans *Le Déshonneur des poètes* :

> Le poète ne désire pas mettre sa poésie au service d'une action politique, même révolutionnaire.

- Voir les textes complémentaires de Supervielle (M), Guillevic (N), étroitement évocateurs d'une réalité précise, et celui de R. Char (O), qui s'élève au-dessus du réel pour éclairer le symbole.

Comment se concilient l'isolement nécessaire à la rêverie poétique, et l'engagement au service des hommes ?

GLOSSAIRE

aède : dans l'antiquité grecque, poète qui composait des poèmes épiques, et récitait ses œuvres en s'accompagnant de la lyre. Homère en est le plus grand exemple.

anaphore : reprise d'un mot ou d'un groupe de mots au début de phrases successives.

anathème : excommunication prononcée publiquement par l'autorité ecclésiastique. Au sens figuré, blâme ou malédiction prononcés de façon solennelle.

aphorisme : maxime ramassée en peu de mots.

complainte : chanson populaire de ton plaintif, racontant un événement tragique.

élégie : dans l'antiquité grecque, chant accompagné d'un air de flûte, qui succéda à l'épopée, et qui exprimait les sentiments du poète. Plus largement, poème lyrique d'inspiration mélancolique. Par exemple, Chénier a écrit des élégies à la manière antique.

exergue : espace réservé pour une inscription au bas d'une monnaie ou d'une médaille. Par extension, inscription placée en tête d'un ouvrage (en exergue).

harangue : discours prononcé solennellement devant une assemblée.

heptasyllabe : vers de sept syllabes.

iambe : élément de la versification grecque, composé d'une syllabe brève suivie d'une longue. Nom donné aux vers iambiques, où un vers long (hexamètre dactylique) est suivi d'un vers court (trimètre iambique). En français, transposition par un alexandrin suivi d'un octosyllabe.

invective : discours violent et injurieux, dirigé contre quelqu'un.

litanie : au sens propre et généralement au pluriel, prière formée d'une série de courtes invocations répétées, et presque identiques. Au sens figuré, énumération à effet monotone.

ode : dans l'antiquité, poème lyrique chanté. Dans la poésie française, poème lyrique dont la forme de la strophe est librement inventée par l'auteur.

pamphlet : ouvrage satirique, généralement court et violent, dirigé contre une institution ou une personne (mot anglais désignant un papier barbouillé qui n'est bon à rien).

phénix : oiseau fabuleux d'Égypte, unique de son espèce, qui se brûlait lui-même sur un bûcher et renaissait de ses propres cendres.

pamphlétaire : auteur d'un pamphlet.

polémique : querelle ou controverse par écrit destinée à soutenir une opinion en combattant l'opinion adverse.

proscription : dans l'histoire des guerres civiles romaines, condamnation à mort sans procès, qui autorisait n'importe quel citoyen à mettre à mort celui dont le nom avait été affiché. Par extension, mesures violentes contre les particuliers. Sens figuré : interdiction.

rhéteur : en Grèce et à Rome, maître de rhétorique, c'est-à-dire enseignant l'art et les moyens de l'éloquence.

sarcasme : raillerie amère et insultante.

sarcastique : railleur et mordant.

Bibliographie succincte

La plupart des œuvres citées se trouvent dans la collection *Poésie/Gallimard*.

Histoire de la littérature

Précis de littérature française par siècles et genres, Magnard, 1995.
Précis de littérature gréco-latine, Magnard, 1990.

Anthologies

Histoire de la poésie française, Robert Sabatier, Albin Michel.
La Poésie française en 50 recueils, Béguin-Moyse, coll. 50/50, Ellipses, 1997.

TABLE DES MATIERES

INTRODUCTION, 3

TEXTES CANONIQUES, 4 — I. Ronsard : *Discours des misères de ce temps,* 4 — II. D'Aubigné : *Les Tragiques,* 6 — III. Chénier : *Dernières poésies,* 8 — IV. Lamartine : *Réponse à Némésis,* 9 — V. Gide : *Les Nourritures terrestres,* 11 — VI. Péguy : *Ève,* 13 — VII. Aragon : *La Rose et le réséda,* 15 — VIII. Prévert : *Salut à l'oiseau,* 17

ÉTUDE THÉMATIQUE, 20 — I. Introduction, 20 — 1. Les poètes dans la tourmente de l'histoire, 20 — 2. Poésie engagée, poésie lyrique, 21 — 3. Travaux d'approche, 21 — II. Évolution historique, 22 — 1. L'héritage antique, 22 — 2. En France avant Victor Hugo, 24 — 3. Victor Hugo et l'appel à la conscience, 32 — 4. En France après Victor Hugo, 33

CARACTÈRES GÉNÉRAUX DE LA POÉSIE ENGAGÉE, 45 — I. Des sujets porteurs, 45 — II. Une grande variété de formes et de tons, 45 — III. Prolongements en musique, 47 — IV. Fonctions du poète, 48 — V. En guise de conclusion, 48

TEXTES COMPLÉMENTAIRES, 49 — Ronsard : *Remontrance au peuple de France,* 49 — D'Aubigné : *Les Tragiques,* 49 — Régnier : *Satire IV,* 50 — Boileau : *Satire VII,* 51 — Chénier : *Ode à Charlotte Corday,* 51 — Hugo : *Les Orientales — Lui,* 52 — Hugo : *Les Feuilles d'automne,* 52 — Musset : *Le Rhin allemand,* 53 — Lamartine : *La Marseillaise de la paix,* 53 — Lamartine : *Ode sur les Révolutions,* 54 — Gide : *Les Nourritures terrestres, Envoi,* 54 — Péguy : *Ève,* 55 — Supervielle : *Paris,* 55 — Guillevic : *Bretagne,* 56 — Char : *La Liberté,* 56 — Prévert : *Familiale,* 57

LECTURES MÉTHODIQUES, 58 — 1. Ronsard : Extrait du *Discours des misères de ce temps,* 58 — 2. D'Aubigné : Extrait des *Fers,* 61 — 3. Chénier : *Iambes,* 62 — 4. Lamartine : Extrait de la *Réponse à Némésis,* 64 — 5. Gide : *Ronde pour adorer ce que j'ai brûlé,* 66 — 6. Péguy : *Ève* (extrait), 68 — 7. Aragon : *La Rose et le réséda,* 69 — 8. Prévert : *Salut à l'oiseau,* 71

QUESTIONS POUR L'ENTRETIEN, 74

GLOSSAIRE, 79